Ich packe meinen Koffer – Eine ethnologische Spurensuche rund um OstWest-Ausreisende und Spätaussiedelnde

Impressum

Ich packe meinen Koffer – Eine ethnologische Spurensuche rund um OstWest-Ausreisende und Spätaussiedelnde
Herausgegeben von: Falk Blask, Belinda Bindig, Franck Gelhausen

Redaktionsanschrift:
Institut für Europäische Ethnologie
- Falk Blask -
Mohrenstraße 41
10117 Berlin
falk.blask@rz.hu-berlin.de
Tel: 030 / 2093-3707
Fax: 030 / 2093-3727

Redaktionsleitung: Falk Blask, Belinda Bindig, Franck Gelhausen
Redaktion: Falk Blask, Belinda Bindig, Franck Gelhausen, Regina Knoll, Sylvia Lundschien, Michelle Piccirillo, Jana Reimann-Grohs, Doreen Vollbrecht
Bildredaktion: Belinda Bindig, Anne Hentschel, Regina Knoll, Denise Schwesig
Titelbild: Belinda Bindig
Satz und Layout: Belinda Bindig, Matthias Schöbe, Andrea Vetter, Georg Weichardt

Auflage: 400 Stück

Die Deutsche Bibliothek – CIP Einheitsaufnahme
Ich packe meinen Koffer – Eine ethnologische Spurensuche rund um OstWest-Ausreisende und Spätaussiedelnde
Hg . von Falk Blask , Belinda Bindig , Franck Gelhausen
Berlin : Ringbuch , 2009

ISBN 978-3-941561-01-4

Falk Blask, Belinda Bindig, Franck Gelhausen (Hg.)

Ich packe meinen Koffer

Eine ethnologische Spurensuche rund um OstWest-Ausreisende und Spätaussiedelnde

Ringbuch Verlag
Berlin

Wir danken ...

... allen Interviewpartner_innen dafür, dass sie uns ihre Erinnerungen anvertraut haben, und der Berliner Woche sowie dem *strassenfeger* für die Unterstützung bei der Suche nach Interviewpartner_innen.

... Nora Lorz und Sergey Kusmaul für die Erlaubnis, ihre Fotografien abbilden zu dürfen.

... dem Institut für Europäische Ethnologie der Humboldt-Universität zu Berlin für finanzielle Unterstützung.

... der „Humboldt-Universitäts-Gesellschaft“ Verein der Freunde, der Ehemaligen und Förderer e. V., insbesondere Frau Ines Martina Bartsch-Huth von der Geschäftsstelle der Humboldt-Universitäts-Gesellschaft, Referentin des Vorstands, Förderprojekt-Beratung, für finanzielle Unterstützung.

HUMBOLDT-
UNIVERSITÄTS-
GESELLSCHAFT

Verein der Freunde, der Ehemaligen und Förderer e.V.

... der Erinnerungsstätte Notaufnahmelager Marienfelde, insbesondere deren Leiterin Bettina Effner, für ideelle Unterstützung.

ERINNERUNGSSTÄTTE
NOTAUFNAHMELAGER MARIENFELDE

Inhalt

Im Warteraum

Drüben angekommen?

Vorwort

Ankommen – Anstatt eines Vorwortes

Berlin hat eine Reihe historischer Schauplätze. Zu ihnen gehört auch das im Verlauf des Jahres 2009 schließende ehemalige Notaufnahmelager im Stadtteil Marienfelde. 1953 eröffnet, wurden in den 55 Jahren seines Bestehens über eine Million Menschen auf dem Gelände untergebracht. UmsiedlerInnen, Vertriebene, Ausgereiste, Flüchtlinge, ÜbersiedlerInnen, AussiedlerInnen und SpätaussiedlerInnen passierten für kurze Zeit oder für mehrere Monate diese Stätte. Unzählige Lebensgeschichten prägen diesen Ort als ein Symbol für die deutsch-deutsche Geschichte in seiner politischen Bedeutung, aber auch als Zentrales Aufnahmelager mit all seinen Facetten für die BewohnerInnen sowie für die benachbarten AnwohnerInnen.

Mehr als 1.35 Millionen Menschen aus Ost-Berlin und der ehemaligen DDR, ebenso rund 50.000 (Spät)AussiedlerInnen kamen im Notaufnahmelager Marienfelde an, dessen Bezeichnung 1977 in „Durchgangsheim für Aussiedler und Zuwanderer" an die sich verändernden, politischen Gegebenheiten angepasst wurde. Für die meisten war Marienfelde die erste Station in den „Golden Westen" oder zumindest das „Tor zur Freiheit". Bis zu 2.800 Personen drängten sich zu Spitzenzeiten in und um die dreistöckigen Wohnblocks, im Speisesaal, auf den Grünflächen und Spielplätzen des Areals, in dem maximal 600 Schlafplätze zur Verfügung standen. Die kleinen Bäder reichten nicht aus, in die Küchen wurden Doppelstockbetten gestellt und die „geplanten" vier Quadratmeter Wohnfläche pro Person blieben illusionär. Mit auf dem Gelände agierte das Behördenpersonal: das Wachpersonal, der ärztliche Dienst, die polizeiliche Anmeldung, die Verpflegung, die Flüchtlingsseelsorge, der Kindergarten, aber auch ein exakt bürokratisches Aufnahmeverfahren mit gezielten Befragungen von Bediensteten des West-Berliner Senats und der Alliierten Streitkräfte, natürlich mit Ausnahme der Sowjets.

Ankommen bedeutet gleichzeitig auch Weggehen. Die Gründe zu gehen waren vielfältig und individuell. Jeder, der in Marienfelde ankam, hatte seine eigenen Motive: meist ein Mix aus privaten, politischen und wirtschaftlichen Gründen. Schon das physische Ankommen in Marienfelde war unterschiedlich geprägt. Wer floh oder ausreiste, hatte in der Regel eine Odyssee von bürokratischen, abenteuerlichen oder psychischen Hindernissen hinter sich. Der Verlust von Wohnung und Gegenständen, von Arbeit, Vertrautheit, Familie und Freunden war enorm. Das Ankommen war langsam und beschwerlich, oft von Provisorien, häufigen Wohnungswechseln und Geldknappheit geprägt.

Neuorientierungsprobleme, Enttäuschungen von unerfüllten Wünschen, aber vor allem Heimweh führten zur Rückwanderungen. Diese, größtenteils aus privaten und nichtpolitischen Gründen, Remigranten – in der DDR als „Zuziehende" Personen benannt – wurden propagandawirksam vom ostdeutschen Staat hofiert.

Seit dem Wegfall des Notaufnahmegesetzes und der Vereinigung Deutschlands veränderte sich die Bedeutung des Aufnahmelagers. Von nun an kamen überwiegend (Spät)AussiedlerInnen und jüdische Zuwanderer aus unter anderem Kasachstan, Russland, Kirgisistan und der Ukraine. Im Verlauf des Jahres 2009 werden die letzten BewohnerInnen die „Zentrale Aufnahmestelle des Landes für Aussiedler" verlassen. Das Aufnahmelager wird in seiner bisherigen Funktionalität geschlossen. Es ist das Ende einer Ära – ähnlich wie der Flughafen Tempelhof steht das ehemalige Notaufnahmelager für die Nachkriegsgeschichte und auch für die Teilung Deutschlands.

Unter dem Projektseminar-Titel „Und im Westen wird alles ganz anders" forschten von Oktober 2007 bis September 2008 elf Studierende der Europäischen Ethnologie der Humboldt-Universität zu Berlin in Kooperation mit der Erinnerungsstätte Notaufnahmelager Marienfelde in und um Marienfelde. Daraus entstanden sind spannende, ethnologische Essays aus einer Fülle von Recherchen in Archiven und Bibliotheken, aus Interviews mit ExpertInnen, ZeitzeugInnen und HeimbewohnerInnen und den produktiven Diskussionen und Streitgesprächen untereinander. Allen daran Beteiligten, vor allem den Projekttutoriumsleiterinnen Jana Reimann-Grohs und Michelle Piccirillo sowie den EndredakteurInnen Belinda Bindig und Franck Gelhausen, gilt mein besonderer Dank.

Falk Blask

Brücke Marienfelde

Belinda Bindig, Jana Reimann-Grohs, Michelle Piccirillo

Brücke Marienfelde

Für zahlreiche Menschen stellt(e) Berlin-Marienfelde über fünf Jahrzehnte die Brücke zwischen ihrem zurückgelassenen Leben im „Osten" und der Ankunft im „Westen" dar. 1953 wurde hier das zentrale Notaufnahmelager für Flüchtlinge und Übersiedler_innen aus der DDR gegründet. Bis 1990 verließen rund 4 Mio. Menschen die DDR. Sie mussten sich in einem der drei Bundesnotaufnahmelager in Uelzen, Gießen und Marienfelde melden. Allein Marienfelde passierten von 1953 bis 1989 1.35 Millionen Menschen. In den Schilderungen von Zeitzeug_innen über ihren Aufenthalt im Notaufnahmelager Marienfelde kehren zwei Aspekte immer wieder. Zum einen eine Vermischung von gegensätzlichen Gefühlen wie Freude über den Neuanfang, Befremden über den bürokratischen Aufwand des Aufnahmeverfahrens und Sorge vor eingeschleusten Spionen des Ministeriums für Staatssicherheit der DDR. Zum anderen das Warten: Warten auf die Befragung durch die alliierten Sichtungsstellen, Warten auf die Entscheidung des Bundesnotaufnahmeausschusses – insgesamt zwölf Stationen mussten auf dem Laufzettel abgearbeitet werden, bis geklärt war, ob mensch die Aufenthaltserlaubnis für die BRD und West-Berlin bekam. Wenn sie gewährt wurde, nahm in Marienfelde die berufliche und soziale Integration ihren Anfang.

Seit Mitte der 1960er Jahre erfüllt das Aufnahmelager Marienfelde diese Funktion auch für (Spät)Aussiedler_innen[1]. Doch im Unterschied zu vielen DDR-Flüchtlingen und Ausgereisten, für die der Registrierungs- und Umverteilungsprozess auf die einzelnen Bundesländer in Marienfelde (bzw. in Gießen) begann, haben die (Spät)Aussiedler_innen bei ihrer Ankunft in Marienfelde schon einen Teil der bürokratischen Hürden hinter sich: Seit dem Jahr 2000 ist ihre erste Anlaufstelle das Grenzdurchgangslager Friedland (Niedersachsen), das in den Jahren 2000 bis 2007 13.719[2] Spätaussiedler_innen

1 Als Spätaussiedler_innen werden in Deutschland seit 1993 die nach Deutschland einwandernden Nachfahren von Deutschen bezeichnet, die seit Generationen vor allem in Ost- und Südosteuropa gelebt haben. Siehe auch: http://bundesrecht.juris.de/bvfg/__4.html [Zugriff am 04.03.2009]

2 Zahlen nach einer Statistik der Zentralen Aufnahmestelle des Landes Berlin für Aussiedler (ZAB), zu finden unter http://www.berlin.de/imperia/md/content/lageso/soziales/statistik.pdf [Zugriff am 04.03.2009]

an Berlin weiterleitete. Seit 1993 wird nur noch ein Teil der Wohnanlage von der Zentralen Aufnahmestelle des Landes Berlin für Aussiedler (ZAB) aufgrund der sinkenden Nachfrage genutzt. Die Belegungsdichte schwankte im Laufe der Jahre stark: Während in Marienfelde zu Hochzeiten der Fluchtbewegung – etwa 1952/53 oder kurz vor dem Mauerbau – in einigen Monaten bis zu 50.000 Menschen eintrafen, war die Einrichtung 2008 mit weniger als 200 Bewohner_innen unterbelegt, die endgültige Schließung der Aufnahmestelle ist im Verlauf des Jahres 2009 geplant.

Mit dem ehemaligen Notaufnahmelager Berlin-Marienfelde werden zwei Richtungen der Migrationsforschung miteinander verbunden: die Geschichte der DDR-Flüchtlinge und Ausgereisten bis 1990 und die der (Spät)Aussiedler_innen. Die Erinnerungsstätte Notaufnahmelager Marienfelde im ehemaligen Verwaltungsgebäude dokumentiert seit 2005 in ihrer Dauerausstellung „Flucht im geteilten Deutschland" den hohen Stellenwert, den das Lager für die ostdeutschen Übersiedler_innen vor dem Hintergrund der deutsch-deutschen Teilung hatte: Aspekte der Flucht oder Ausreise, die Stationen des Notaufnahmeverfahrens, Fluchtmotive und der Alltag im Aufnahmelager werden anhand persönlicher Schicksale dargestellt. Sowohl die Situation der Ausreisewilligen *in* der DDR als auch die Spätaussiedler_innen und deren Wahrnehmung durch die Anwohner_innen des Stadtteils Marienfelde standen bisher nicht im Fokus wissentschaftlicher Untersuchungen. Für uns galt es genau jene Aspekte durch studentische Forschungen zu ergänzen.

So unterschiedlich die zeitliche Themenzuordnung ist – der historische Komplex der DDR-BRD-Vergangenheit vor 1990 und die Situation der Spätaussiedler_innen in der heutigen BRD – so unterschiedlich gestalteten sich auch die Zugänge zu unseren Feldern. Die Interviewpartner_innen für Forschungen zu DDR-Ausgereisten sowie zu BRD-Zugewanderten wurden größtenteils über einen Zeitzeugen-Aufruf in der Lokalzeitung „Berliner Woche" und über private Kontakte gefunden. Der Zugang zu Spätaussiedler_innen gestaltete sich anfangs schwieriger. Zum einen befanden sich die Bewohner_innen in einer Übergangssituation, die ihnen viel abverlangte und auch Fragen existenzieller Art, bezüglich ihrer ungewissen Zukunft in einem anderen Land, aufwarf. Es ist also mehr als verständlich, dass das Interesse an forschenden Studierenden begrenzt war. Zum anderen existierten zum Teil sprachliche Barrieren: Viele der Spätaussiedler_innen sprachen (noch) kein fließendes Deutsch, sondern Russisch, während einige der Studierenden ungenügende russische Sprachkenntnisse aufwiesen. Erste Kontakte mit Spätaussiedler_innen konnten jedoch erfolgreich auf einem gemeinsamen, von den Studierenden initiierten Sommergrillfest mit der musikalischen Einlage einer Band junger Russlanddeutscher auf dem Gelände der Aufnahmestelle hergestellt werden.

Das vorliegende Buch gliedert sich in drei Kapitel: „Beim Koffer packen", „Im Warteraum" und „Drüben angekommen". Im ersten Abschnitt „Beim Koffer packen" beleuchtet *Belinda Bindig* die Schwierigkeiten und Diskriminierungen, denen Ost-West-Ausreisende in der DDR ausgesetzt waren. Der Beitrag von *Denise Schwesig* wirft mit einer daran anschließenden Fotoserie Schlaglichter auf das bisher eher unbekannte Kapitel der West-Ost-Migration und den Bedingungen in den ostdeutschen Aufnahmeheimen. *Linda Anhang* beschäftigt sich mit der Arbeit der Evangelischen Flüchtlingsseelsorge im Notaufnahmelager Marienfelde.

„Im Warteraum" gibt einen Einblick in die Situation der Bewohner_innen im Durchgangsheim Marienfelde und zeigt Themenkomplexe auf, mit denen sich die Spätaussiedler_innen bereits während ihrer ersten Monate in Deutschland intensiv auseinander setzen. Dazu zählen z. B. Fragen nach Identität und Identitätswandel im Zuge der Erlangung der deutschen Staatsbürgerschaft, die sich in einem Interview von *Franck Gelhausen* für Familienmitglieder unterschiedlicher Generationen – Großmutter, Mutter und Tochter – gestellt haben. Die daran anschließende Fotoserie gewährt einen kleinen Einblick in die Wohnungen der Bewohner_innen im Durchgangsheim. *Regina Knoll* analysiert anhand von vier Spätaussiedlerinnen die unterschiedlichen russischen und deutschen Geschlechtervorstellungen. Die Außenwahrnehmung des Durchgangsheims Marienfelde durch die Angestellten umliegender Geschäfte untersucht *Lisa Breitkreutz* mit einem Wahrnehmungsspaziergang und Kurzinterviews. Daran schließen sich fotografische Ausschnitte vom Durchgangsheim Marienfelde an.

Im dritten Kapitel „Drüben angekommen" vergleicht *Oleksandra Bienert* Deutschlandvorstellungen und -bilder von Spätaussiedler_innen vor und nach ihrem Umzug nach Deutschland. *Ksenia Korelova* und *Evgenia Kornusova* führen die Fragen nach Identitätskonstruktionen fort, indem sie junge Spätaussiedler_innen porträtieren. Die Orientierungsbewegungen, damit verbundene Schwierigkeiten sowie den Prozess der Einbürgerung und Erfahrungen von Integrationsgrenzen zeigen *Sylvia Lundschien* und *Anjela Krstevski* in ihren Beiträgen auf.

Diese inhaltliche Vielfalt der Beiträge spiegelt sich auch in der Art, wie mit Gender umgegangen wird, wieder: Die Verwendung von generischem Maskulinum, Binnen-I, Schräg- und/oder Unterstrich zeigt wie in den Texten auf ganz unterschiedliche Weise der Versuch unternommen wird, „die Illusion zweier sauber geschiedener Geschlechter“[3] aufzubrechen.

Wir hoffen Ihnen, liebe Leser_innen, mit unseren Arbeiten zum einen eine erweiterte Sicht auf deutsch-deutsche Geschichte geben zu können und zum anderen zum besseren Verstehen der gegenwärtigen Situation der Spätaussiedler_innen beizutragen sowie neue Fragen nach Zusammenhängen von Integration und Migrationshintergründen und -vorstellungen aufzuwerfen.

Das Gelände hat während seines 55jährigen Bestehens bedingt durch die jeweiligen politisch-historischen Gegebenheiten viele verschiedene Bezeichnungen erfahren: 1953 als Notaufnahmelager gegründet, wurde es 1977 in „Durchgangsheim für Aussiedler und Zuwanderer“ umbenannt, um dann in den 1990er Jahren von der „Zentralen Aufnahmestelle des Landes Berlin für Aussiedler“ (ZAB) genutzt zu werden. Die ehemaligen Bewohner_innen wiederum sprechen von „Wohnheim“, „Aufnahmelager“, „Übergangswohnheim“, „Heim“ oder schlicht von „Marienfelde“.
Die Autor_innen dieses Buches verwenden in ihren Beiträgen die ihnen jeweils am besten passend erscheinenden Begriffe sowie die von den Zeitzeugen_innen benutzten Bezeichnungen.

3 vgl. dazu www.gender-killer.de/wissen%20neu/texte%20queer%20kitty.htm Zugriff am 01.09.2008]

Beim Kofferpacken

Belinda Bindig

„Vorher war alles gut, alles normal – und dann ist man halt aussätzig“[1]

Der Umgang mit Ausreisenden in der DDR

Anstelle einer Einleitung: Motive zu gehen

Verschiedenen, meist auch widersprüchlichen Schätzungen[2] zufolge verließen von Oktober 1949 bis November 1989 etwa 3.5 – 4 Millionen Menschen die DDR, etwa 500.000 von ihnen siedelten nach der Stellung eines Ausreiseantrags in die BRD über. Die Gründe zu gehen waren vielfältig und standen häufig in enger Wechselwirkung zueinander. Unpolitische Motivationen wie Familienzusammenführung (z. B. Heirat mit einem_r westdeutschen Staatsbürger_in), die Unzufriedenheit mit der wirtschaftlichen Lage der DDR sowie die eingeschränkten Reisemöglichkeiten spielten eine Rolle. Ebenso war die latente Unzufriedenheit mit der politischen Situation für viele Antragstellende ein wichtiger Punkt. Dazu zählten neben der starken Beschneidung des Rechts auf freie Meinungsäußerung durch die als allgegenwärtig empfundenen Mitarbeiter_innen der Staatssicherheit und Parteiangehörigen, auch die Erziehung zum „Feindeshaß“ (amnesty international 1992: 22) in Kindergärten bzw. Schulen, die Verpflichtung an Aktivitäten der staatlichen Organisationen teilzunehmen sowie die eingeschränkten Ausbildungs- und Berufsmöglichkeiten bei politisch unerwünschten Einstellungen. Als dauerhaft belastend empfanden die Antragstellenden auch die Situation, öffentlich anders reden zu müssen als sie privat dachten. In den Biographien meiner GesprächspartnerInnen wurde des Weiteren deutlich, dass meistens ein ganz konkreter Anlass die Stellung des Ausreiseantrags auslöste.

1 Gespräch mit Frau Hoffmann, April 2008. Alle Namen der Interview- bzw. GesprächspartnerInnen wurden geändert.

2 Siehe hierzu beispielsweise amnesty international 1992 und Riemann 2005: 10.

Ausreise zwischen gesetzlichen Verordnungen und Praxis

Ähnlich verwirrend wie sich die Statistiken zu Flüchtlingen, (durch die BRD freigekauften) politischen Häftlingen, Mauertoten und Ausgereisten gestalten, ist auch die Frage danach, ab wann die Stellung eines Ausreiseantrags, das heißt das Verlassen der DDR auf legalem Weg, überhaupt möglich gewesen ist.

Das in der ersten Verfassung der DDR im Artikel 10 garantierte Recht auf Auswanderung wurde durch zahlreiche Gesetzesänderungen immer weiter eingeschränkt, bis es 1968 mit der zweiten Verfassung der DDR auch formal beseitigt wurde: „In der DDR gibt es keine soziale Basis für ein Grundrecht auf Auswanderung", da „die sozialistischen Gesellschaftsverhältnisse den Menschen erstmals beständig soziale Sicherheit, freie und ungehinderte Persönlichkeitsentfaltung gewährleisten" (Lehrbuch für Staatsrecht der DDR, zitiert in amnesty international 1992: 13f.).

Da vor allem Rentner_innen Besuche und Reisen in die BRD weiterhin gestattet wurden, machte diese Bevölkerungsgruppe in den 60er Jahren zwischen 70 bis 80 Prozent der offiziell Übersiedelnden aus. Ab Mitte der 70er Jahre stieg der Anteil der jungen Menschen bei den so genannten Übersiedlungsersuchen an (vgl. Riemann 2005: 10ff.). Sie beriefen sich zunehmend auf die im August 1975 von der DDR unterzeichnete KSZE-Schlussakte[3] von Helsinki. Ein Bestandteil der Schlussakte war die „Zusammenarbeit in humanitären und anderen Bereichen". Darunter fielen die Punkte „Kontakte und regelmäßige Begegnungen auf der Grundlage familiärer Bindungen", „Familienzusammenführung", „Eheschließung zwischen Bürgern verschiedener Staaten" und „Reisen aus persönlichen oder beruflichen Gründen" (KSZE-Schlussakte: 51-54).

Eine gesetzliche Regelung für die Beantragung einer legalen Ausreise aus der DDR trat erstmalig im September 1983 für einige gesellschaftliche Gruppen[4] in Kraft. Diese „Verordnung zur Regelung von Fragen der Familienzusammen-

3 Die Konferenz über Sicherheit und Zusammenarbeit in Europa (KSZE) hatte zum Ziel, den Konflikt zwischen den Ost- und den Westblockstaaten Europas zu entschärfen. Neben den ost- und westeuropäischen Staaten nahmen auch die USA und Kanada an der Konferenz teil. Detailliertere Informationen hierzu: Konferenz über Sicherheit und Zusammenarbeit in Europa. Schlussakte. Helsinki 1975. In: http://www.osce.org/documents/mcs/1975/08/4044_de.pdf [Zugriff am 29.06.2008].

4 Dazu zählten: Rentner_innen, Invalide, Pflege- und Betreuungsbedürftige, allein stehende volljährige Kinder, Kinder mit Eltern in der BRD und Eheschließende, wobei die DDR die Eheschließung zunächst bewilligen musste, die Eheschließung hatte in der DDR zu erfolgen.

führung und der Eheschließung zwischen Bürgern der DDR und Ausländern" diente vor allem dazu, der seit der Unterzeichnung der KSZE-Schlussakte gängigen Praxis eine formale Grundlage zu geben. Erst im November 1988 wurden zwei weitere Verordnungen verabschiedet, die allen Bürger_innen gestatteten, einen Ausreiseantrag zu stellen und Widerspruch gegen die Ablehnung des Ausreiseantrags einzureichen.[5]

Die Bewilligung der Ausreise war eng mit der innenpolitischen Lage der DDR verflochten. Beispielsweise wurden verstärkt vor Wahlen Ausreiseanträge bewilligt. Als im Mai 1984 die Kommunalwahlen abgehalten wurden, hatten in den vergangenen vier Monaten ca. 21.000 Menschen die DDR verlassen.[6] Diese Gewährung von Ausreiseanträgen im großen Stil zu einer politisch sensiblen Zeit ist symptomatisch: Generell galt es, Menschen, von denen zu befürchten war, dass sie öffentlichkeitswirksam aktiv werden könnten, schnell auszuweisen, da deren Ausbürgerung „bedeutsame Vorteile für die DDR" brachte (Befehl 6/77 ZKG[7], zitiert in Eisenfeld 1996: 24). Ein Grundsatz, von dem auch eine meiner GesprächspartnerInnen und ihre Familie profitierte. Nachdem Frau Sommer knapp zwei Jahre lang immer wieder neue Anträge auf Ausreise gestellt hatte, kam es schließlich auf offener Straße zu einer lautstarken Auseinandersetzung mit drei Mitarbeitern des Ministerium für Staatssicherheit, die mit der Beschattung von Frau Sommer und ihrer Familie beauftragt waren: *„Das war so ein massiver Auftritt, dass wir die ganze Nacht auf die gewartet haben, weil uns klar war: In der Nacht werden die uns holen müssen. Aber die haben uns rausgeschmissen: Zwei Wochen später waren wir dann schon draußen. [...] Ich glaube das hat auch damit zu tun, dass sehr viele Leute beteiligt waren [...]: Alle Leute haben aus den Fenstern geschaut. Ich hab dann auch gleich vom Telefon aus – unser Telefon wurde abgehört – Verwandte in Westdeutschland angerufen: Wenn sie von uns nichts mehr hören, dass sie gleich an die westdeutsche*

5 Weiterführende Informationen zu den gesetzlichen Änderungen im Zusammenhang mit Ausreiseanträgen finden sich in: Lochen/Meyer-Seitz 1992.

6 Insgesamt siedelten von Februar bis Dezember 1984 ca. 35.000 Menschen aus der DDR in die BRD über – 1983 waren es nur 8.000. Dieser drastische Anstieg wird häufig mit dem von Franz-Josef Strauß 1983 initiierten Milliardenkredit an die DDR in Verbindung gebracht, an den aber keine politischen Vereinbarungen geknüpft waren. Weiterführende Links: http://www.kalenderblatt.de/index.php?what=thmanu&manu_id=209&tag=24&monat=7&year=2008&dayisset=1&lang=de [Zugriffn am 27.06.2008]; http://www.chronik-der-mauer.de/index.php/de/Chronical/Detail/year/1984 [Zugriff am 27.06.2008]; http://www.dradio.de/dkultur/sendungen/kalenderblatt/807696/ [Zugriff am 27.06.2008].

7 ZKG steht für Zentrale Koordinierungsgruppe zur Bekämpfung von Flucht und Übersiedlung. Siehe Fußnote 8.

Presse gehen. [...] Ich habe meinen Töchtern [am Telefon] auch gesagt: ‚Wenn die uns abholen in der Nacht, dann schreie ich so laut wie ich kann. Das kriegen alle mit!' Wir waren durch die Arbeit, die Kinderkrippe, den Kindergarten und durch die Schule in dem Ort sehr bekannt.“

Bis zu Beginn der frühen 80er Jahre hatten Menschen mit Ausreiseanträgen jedoch kaum eine öffentliche Präsenz, nur über private Kontakte und „Mund-zu-Mund-Propaganda“ bestand für DDR-Bürger_innen die Möglichkeit mehr über das mit der Stellung eines Ausreiseantrags verbundene Verfahren zu erfahren: *„Ich selber habe davon nichts gehört. Obwohl ja welche gegangen sind. Aber wenn man früh arbeiten geht und abends wiederkommt, und die Leute nicht näher kennt, fällt einem das nicht auf“* (Frau Hammer). Seit Anfang der 80er Jahre, massiv dann ab 1987, begannen sich Antragstellende zu organisieren, indem sie mit Demonstrationen in mehreren ostdeutschen Großstädten sowie mit der Besetzung westlicher Vertretungen auf ihre Situation aufmerksam machten und Arbeitsgruppen wie die Berliner Arbeitsgruppe „Staatsbürgerschaftsrecht DDR“ gründeten (vgl. Riemann 2005: 14ff.).

Das Ministerium für Staatssicherheit (MfS) und das Ministerium des Innern (MdI)[8] verschärften im Auftrag der SED ihre Vorgehensweise gegen Antragsteller_innen stetig in unregelmäßigen Abständen und schränkte die Zahl der bewilligten Anträge immer wieder ein. Das Regime suchte die Antragstellenden mit einer Kombination aus „Zuckerbrot und Peitsche“ von ihrem Ausreisevorhaben abzubringen. Seit Mitte der 80er Jahre waren Mitarbeiter des MfS und des MdI verstärkt dazu aufgefordert, die Gründe für den Ausreiseantrag zu beseitigen (vgl. Eisenfeld 1996: 39). Sofern die so genannte Rückgewinnung jedoch ohne Erfolg blieb, wurde versucht die Antragsstellenden durch Isolation, zahlreiche Repressionen und Überwachung von

8 Die Zuständigkeiten der beiden Ministerien für Ausreisende lassen sich auf den ersten Blick nicht klar voneinander abgrenzen. Beim Versuch die Aufgabenbereiche grob zu skizzieren, ergibt sich in etwa folgendes Bild: Der Ausreiseantrag wurde in den Abteilungen Inneres der Räte, der Bezirke und der Kreise gestellt, die der Hauptabteilung Innere Angelegenheiten des Ministerium des Innern unterstanden. Somit war das MdI für die Realisierung der Ausreiseanträge zuständig. Es arbeitete jedoch in enger Kooperation mit dem MfS, das sich mit – grob vereinfacht formuliert – der Erfassung von personenbezogenen Daten, der Überwachung und auch mit der Befragung bzw. dem Verhören der Ausreisenden befasste. Für das Thema Ausreise aus der DDR war in erster Linie die Diensteinheit „Zentrale Koordinierungsgruppe (ZKG) zur Bekämpfung von Flucht und Übersiedlung“ in Zusammenarbeit mit den Hauptabteilungen VII und IX zuständig. Weiterführende Informationen in Lochen/Meyer-Seitz 1992, Eisenfeld 1996 und Niebling 2003.

ihrem Vorhaben abzubringen. Des Weiteren wurden die Betroffenen bis 1983 von den bearbeitenden Stellen offiziell als „rechtswidrige" Antragsteller auf Übersiedlung kriminalisiert (vgl. Eisenfeld 1996: 14, 16, 23, 28). Der Wunsch auf Ausreise wurde in staatlichen Institutionen, in Zeitungen, Schulen u.a. als moralisch untragbar und verwerflich diskriminiert, und die vielfältigen Motive für eine Ausreise auf rein egoistische, das bedeutet auf materielle Ambitionen, reduziert. Die Ergebnisse dieser reduktionistischen Taktik sind auch heute noch zu spüren: *„Ich persönlich bin hundertprozentig davon überzeugt, dass mindestens 90 Prozent derjenigen, die rüber gegangen sind, aus materiellen Gründen rüber gegangen sind!"* (Frau Hammer)

Der Schwerpunkt des vorliegenden Beitrags liegt auf der Diskriminierung der Antragsstellenden. Welche Auswirkungen hatte die Stellung eines Ausreiseantrags in der DDR? Dabei geht es der Autorin nicht nur darum mit verschiedenen Fallbeispielen, den Umgang der zuständigen Institutionen – MfS und MdI – mit den Antragsstellenden zu beleuchten, sondern auch darum aufzuzeigen wie das berufliche und private Umfeld der Antragsteller_innen reagierte.

Methodik

Bei meiner Forschung kamen zum einen verschiedene Materialien wie zum Beispiel eine vollständige Akte des MfS über eine meiner GesprächspartnerInnen, verschiedene Dokumente des MfS bzw. MdI und eine Korrespondenz mit Frau von Schulenburg[9] zum Einsatz, die als Zeitdokumente nicht nur einen Einblick in die Sprache und Denkweise der DDR-Staatsorgane geben, sondern auch erahnen lassen, welchem Druck die Antragsteller_innen bei der Bewältigung ihres Alltags ausgesetzt waren. Die besondere Schwierigkeit im Umgang mit Akten des MfS liegt darin, diese „nicht einfach als Informationsquelle zu benutzen und damit die Machtverhältnisse, Dogmen und auch Fehlinterpretationen zu reproduzieren, die den ‚Berichten' zu Grunde liegen" (Straube/Hamann 2008: 47).

Zum anderen führte ich insgesamt fünfzehn qualitative, narrative Interviews bzw. Gespräche[10] sowohl mit Personen, die in der DDR einen Ausreise-

9 Frau von Schulenburg war als Rechtsanwältin in West-Berlin von der Bundesregierung für die „humanitären Angelegenheiten mit der DDR" zuständig.

10 Die Interviews/Gespräche wurden im Zeitraum von Dezember 2007 bis Juni 2008 geführt.

antrag gestellt hatten, als auch mit Menschen, die Ausreisende und deren Erfahrungen kannten. Obwohl in der Fachliteratur darauf hingewiesen wird, dass sich ein Großteil der Ausreisenden aus Senior_innen und überwiegend jungen, allein stehenden Männern zusammensetzte (vgl. Riemann 2005: 10), überwogen bei meinen GesprächspartnerInnen Frauen, die entweder über Familienzusammenführung oder gemeinsam mit ihren Familien die DDR zwischen 1978 und 1989 verließen.

Die Gespräche, die ich teilweise – sofern die Erlaubnis dazu gegeben wurde – aufzeichnete, dauerten ein bis drei Stunden. Ein großer Teil von ihnen lassen sich als ero-epische Gespräche im Sinne Girtlers[11] bezeichnen – bei anderen wiederum war ich froh „für alle Fälle" einen Fragebogen erstellt zu haben, da ein dauerhafter Erzählfluss nicht zu Stande kam. Bei letzteren trat ein Phänomen besonders deutlich hervor, das sich (in abgeschwächter Form) bei fast allen GesprächspartnerInnen zeigte: Es herrschte eine Mischung aus einerseits einem starkem Mitteilungsbedürfnis, beispielsweise betonte Herr Schulz mehrmals, dass es ihm sehr wichtig sei, einen Beitrag zur Aufklärung über die Behandlung von Ausreisenden zu leisten. Andererseits waren die Erzählungen über die Zeit des laufenden Ausreiseantrags von großer Zurückhaltung und innerer Unruhe geprägt.

(Nicht-)Sprechen über Erinnerungen[12]

Bereits in meinen ersten Gesprächen mit Ausgereisten wurde deutlich, dass es nicht jeder/m leicht fiel, über diese Zeit zu berichten, sondern dass es

11 Das „ero-epische Gespräch" (altgr. eromai: fragen, nachforschen; eipon: erzählen) gilt als Gegenkonzept zu Schützes traditionellen narrativen Interviews, in denen der Befragte zum Datenlieferanten degradiert und durch die Anwendung verschiedener „Zugzwänge" seitens des Interviewers dazu gebracht wird, auch unangenehme und tabuisierte Einstellungen oder Erlebnisse (u.U. „gegen" seinen Willen) offen zu legen. Kennzeichen des „ero-epischen Gesprächs" nach Girtlers sind ein freundschaftliches Verhältnis zwischen den Gesprächspartner_innen, die Generierung von Hypothesen erst während des Gesprächs, die Erhaltung des Relevanzsystems des_der Gesprächspartner_in sowie die Aufhebung der für Interviews typischen Asymmetrie, indem auch der_die Forscher_in Persönliches von sich preisgibt, sodass eine gleichberechtigte Situation geschaffen und in dem_der Gesprächspartner_in das Bedürfnis geweckt wird, sich im Gespräch zu engagieren (vgl. Girtler 2001: 147-168).

12 Diese Thematik verfolge ich im Beitrag „Nicht-Sprechen über... Fragen zur Aufarbeitung von Ausgrenzung und Gewalterfahrungen in narrativen Interviews" weiter. Zu finden in: feldnotizen. Ausgabe 4/2009.

meine GesprächspartnerInnen große Überwindung und Zeit kostete, über bestimmte Stationen ihres Lebens zu sprechen. Insbesondere, wenn es um die Befragungen und Verhöre durch das MfS ging, fehlten einigen die Worte: *„Solange ich in der DDR war, durfte ich über dieses Thema nicht sprechen. Es war kein Diskussionsthema, es war in diesem Raum. Und es hatte diesen Raum nicht zu verlassen!"* (Frau Schneider). Menschen, die sich sonst im Gespräch in zusammenhängenden Sätzen äußerten, sprachen plötzlich abgehackt, ihre Stimme kippte, sie setzten immer wieder neu zum Sprechen an, die Luft blieb ihnen weg. Dazwischen immer wieder Pausen.

Hinzu kommt, dass die Erinnerungen einiger GesprächspartnerInnen abgestorben zu sein schienen, zurück blieb ein diffuses Halbdunkel. Frau Schneider reflektierte als eine von wenigen GesprächspartnerInnen diesen Zustand folgendermaßen: *„Ich hab es verdrängt, weil es mir unbehaglich war. Man behält ja oft nur das Schöne, und das Schlechte verdrängt man. Und so war dieses Kapitel Staatssicherheit. Es machte mir Angst, ich war die ganze Zeit immer auf der Lauer und hab es einfach immer verdrängt. Ich wollte – es gehört – es soll nicht zu meinem Leben gehören. [...] Wie war es eigentlich? Man stellt sich ja selbst die Frage. Es fallen einem zu dem Thema, was man ja total wegdrängt, nur noch Brocken ein."* Frau Fischer nannte eher nebenbei Gründe dafür, wieso sie sich an viele Dinge nicht mehr erinnern kann: *„Bei mir ist es auch teilweise so, dass das so ein bisschen Verdrängungsgeschichte ist. Ich könnte zum Beispiel gar keine Namen mehr von meinen ehemaligen Kolleginnen nennen, weil es einfach so lange her ist und weil es wahrscheinlich einfach so ein Abschnitt in meinem Leben ist – da ist ein Punkt. Der ist abgehakt für mich."*

Eine weitere Gemeinsamkeit von insgesamt vier GesprächspartnerInnen war deren große Sorge um die Anonymisierung. Die Fragen nach der Verschlüsselung der Namen und der Verwendung der Aufzeichnungen bzw. Mitschriften wurden innerhalb *eines* Gesprächs mehrfach gestellt, obwohl der Umgang mit dem Gesagten bereits zu Beginn des jeweiligen Gesprächs ausführlich erläutert worden war. Exemplarisch hierfür ist das Gespräch mit Frau Neumann. Immer wieder äußerte sie ihre Sorge darüber, ob sie wiedererkannt werden könnte, sechs Mal fragte sie nach dem genauen Vorgehen der Anonymisierung und der Weiterverwendung der Aussagen, die ich jedes Mal so ausführlich wie möglich erklärte. Gleichzeitig jedoch machte sie auch mit Nachdruck deutlich, dass ihre Aussagen in meine Forschungsergebnisse einfließen *sollen*. Der ihre Fragen immer begleitende und mehrfach wiederholte Satz nahm fast schon beschwörenden Charakter an: *„Man hat ja nichts zu verbergen"* (Frau Neumann).

Diese paradox anmutende Situation, kombiniert mit verschiedenen Anzeichen von innerer Unruhe mehrerer GesprächspartnerInnen – unstete Blicke, nervös mit Halskette und Ohrringen spielende Hände, Herumrutschen auf Stühlen, angespannte Mimik – zeigt, dass für einige der Ausgereisten „es" immer noch nicht vorbei ist. Die Angst – ob sie nun begründet ist oder nicht – ist immer noch da.

Reaktionen...

Zunächst einmal lässt sich allgemein konstatieren, dass der Umgang mit Ausreisenden seitens der öffentlichen Institutionen und auch seitens des privaten Umfelds sehr unterschiedlich war. Die Art und Weise der Bearbeitung der Ausreiseanträge war stark sowohl von dem Wohlwollen der bearbeitenden Personen als auch von den zahlreichen Einschätzungen und Berichten der Arbeitskollegen_innen, (in-)offiziellen Mitarbeiter_innen und des_r Arbeitgeber_innen abhängig. Das mit der Stellung des Ausreiseantrags verbundene Verfahren und die damit einhergehende Konfrontation mit dem MfS und MdI *„musste jedoch jeder Antragstellender durchlaufen, der eine mehr der andere weniger. Es kam immer darauf an, welche Umstände die Stellung des Ausreiseantrags begleiteten"* (Frau Schneider). Die Reaktionen des beruflichen und privaten Umfelds wurden von den politischen Einstellungen und den beruflichen Positionen bzw. der Frage danach, ob und mit welchen (beruflichen) Benachteiligungen mensch bei einer Solidarisierung rechnen musste, bestimmt.

... des MfS[13]

Das Maßnahmenspektrum, von dem Mitarbeiter_innen des MfS Gebrauch machen konnten, wird im Folgenden an einem Fallbeispiel illustriert. Frau Brandt, damals Mitte zwanzig und Kinderkrankenschwester in einem Berliner Krankenhaus, stellte Ende der 70er Jahre insgesamt drei Anträge „auf

13 Ich beschränke mich in dieser Arbeit auf die Reaktionen des MfS, da meine GesprächspartnerInnen in erster Linie von diesem Ministerium gesprochen haben. Inwieweit sie eine Unterscheidung der beiden Ministerien – MfS und MdI – vornahmen und inwiefern ihnen zu dem damaligen Zeitpunkt bekannt war, zu welchem Ministerium der_die sie „bearbeitende" Mitarbeiter_in gehörte, entzieht sich meiner Kenntnis.

Eheschließung und Übersiedlung nach West-Berlin" (MfS-Akte)[14] bevor sie nach drei Jahren Wartezeit ausreisen durfte. Zu den Schritten des MfS, die „die Bindungen zwischen der B. und dem Westberliner [...] lockern" sollten, „um sie auf diesem Wege von dem Vorhaben des Verlassens der DDR abzubringen", gehörten zum einen Versuche, auf die Familie Brandt Einfluss zu nehmen. Sowohl dem Vater (Sekretär einer SED-Kreisleitung) als auch dem Bruder (Unteroffizier) wurden mehrfach Aussprachen mit Frau Brandt nahegelegt, die die Trennung von ihrem Verlobten bewirken sollten. Als sie sich jedoch mit ihr „solidarisierten", wurde das „weitere Belassen des Bruders in der genannten Funktion als unzweckmäßig" beurteilt und der Vater entlassen.

Zum anderen waren die mehrfache Verweigerung der Einreiseerlaubnis ihres Verlobten in die DDR und die Unterbindung des telefonischen Kontakts Teil der „Lockerungsmaßnahmen", sodass Frau Brandt und ihr Verlobter über mehrere Monate hinweg nicht die Möglichkeit hatten, einander zu sehen oder zu sprechen. Dass diese Vorgehensweise von Erfolg gekrönt sein könnte, begründeten die Entscheidungsträger_innen unter anderem mit der Einschätzung eines Oberarztes, demzufolge Frau Brandt sowohl von ihrem geistigen als auch äußerlichen Erscheinungsbild „ein durchschnittliches Mädel" sei; derselbe Oberarzt berichtete auch über die psychische Belastung von Frau Brandt, die sich ihm in einem privaten Gespräch anvertraut hatte. Die Motive für die Ausreise nach West-Berlin wurden vom Kaderleiter des Krankenhauses nach einem so genannten Klärungsgespräch stark wertend zusammengefasst: „Sie ist ausgesprochen egoistisch, stellt das Verhältnis zu ihrem Verlobten über alle anderen Dinge. Es gibt für sie nur ein festgefügtes Ziel: Zu ihrem Verlobten nach Westberlin zu gelangen, das ‚goldene Leben' in Westberlin zu genießen." Seine Einstufung von Frau Brandt als „Unruheherd auf dem Arbeitsplatz" wurde zwei Jahre später bestätigt: Ein „Höhepunkt negativer Art war die so genannte Abschiedsfeier für die B. vor der Ausreise, die illegal an der Arbeitsstelle durchgeführt wurde."

Mit dem Blick auf Frau Brandt durch die Augen des MfS werden vier Punkte deutlich: 1. die engmaschige Überwachung der Antragstellenden, 2. die herabwürdigende Sprache, mit der Ausreisewillige bedacht wurden, 3. die enge Verflechtung von MfS und staatlichen Arbeitsstellen und 4. die erheblichen Konsequenzen, mit denen Freunde und Familienmitglieder zu rechnen hatten, wenn sie keinen Abstand zu dem Ausreisevorhaben nahmen.

14 Die nachfolgenden Zitate stammen aus der durch das MfS über Frau Brandt angelegten Akte.

Wiederum fiel bei dem Gespräch mit Frau Brandt über ihre Wartezeit auf Bewilligung des Antrags auf, dass die in ihrer Akte dokumentierten „Aussprachen bei der Abteilung Inneres" von ihr nicht erwähnt wurden.

Frau Schneider dagegen schilderte den Verlauf ihres „ersten Gesprächs", das ca. eine Stunde dauerte, wie folgt: „*Das war ein ganz großer, kalter, abgedunkelter Raum. [...] Er saß am Schreibtisch, ein Herr, er war kalt. Er stand auch nicht auf, deutete nur, ich solle Platz nehmen, ohne dass er etwas gesagt hat, und blätterte in den Unterlagen. Stellte dann zwei, drei kurze Fragen. [...] Die meiste Zeit war Schweigen, wo man nicht wusste, was kommt. Es war immer dieses Ungewisse. Ich hatte immer Angst: Was passiert jetzt? [...] Ich kann mir vorstellen, wäre es jetzt zu einem richtigen Verhör gekommen, wenn ich etwas Ungesetzliches getan hätte, ich wäre zusammengebrochen.*" Die Folge der Befragungen und Repressionen war jedoch nicht, wie beabsichtigt, ein nochmaliges Überdenken der Konsequenzen und ein Zurückziehen des Antrags. Frau Neumann beispielsweise, die in einem „*kleinen, kahlen Raum mit vergitterten Fenster*" verhört wurde, während „*die die Klinken von Innen abgezogen haben*", fühlte sich durch diese mehrfachen „*Bekehrungsversuche*" in ihrem Vorhaben bestätigt und verstärkte ihre Bemühungen um eine Ausreise.

... in der Schule

Die Reaktionen von Lehrer_innen und Mitschüler_innen bzw. von Vorgesetzten und Arbeitskollegen_innen lassen sich nicht klar von denen des MfS bzw. MdI abgrenzen, da häufig Mitarbeiter_innen des MfS bzw. MdI den_die Direktor_in bzw. Vorgesetzten über die Stellung des Ausreiseantrags informierten und „bekehrende" Maßnahmen nahe legten. Diese Tatsache soll jedoch nicht verschleiern, dass sich auch hier ein großer Handlungsspielraum, wie mit den Ausreisenden umgegangen werden konnte, eröffnete, der aber nicht immer genutzt wurde. Frau Hofmann, die sich im Alter von 17 Jahren dazu entschieden hatte, gemeinsam mit ihrer Mutter auszureisen, schilderte ihren Schulalltag als reich an Schikanen durch Lehrer_innen und Schüler_innen, nachdem der Klassenlehrer die Stellung ihres Ausreiseantrags bekannt gegeben hatte. Sie betonte jedoch gleichzeitig, dass es auch einige Lehrer_innen gab, bei denen sie „*das Gefühl hatte, dass sie mich eher in Ruhe lassen*" und zwei von etwas mehr als zwanzig Schüler_innen ihrer Klasse blieben mit ihr befreundet. Die Erinnerungen von Frau Hofmann an ihre anderen Mitschüler_innen sind von deren Schweigen und „Mitlaufen" geprägt: „*Das war für viele halt so: lieber gar nichts machen, gar keine Partei ergreifen. [...] Viele hatten schon eine Meinung und vielleicht fanden manche auch gar nicht alles so schlimm, was ich gesagt habe. Aber das hätten die niemals gesagt, weil sie sich nicht getraut haben. Weil sie dachten, ihre Karriere hängt davon ab. Also die Menschen wurden so mundtot gemacht. Und das hat mit 17 wunderbar geklappt."* Initiiert und unterstützt wurde der alltägliche Spießrutenlauf in diesem Fall durch den Schuldirektor, der auch ein Gespräch mit der Mutter von Frau Hofmann führte, dessen Inhalt die dem System immanente Logik und Ideologie veranschaulicht: *„Sie wurde übelst beschimpft von dem. Wie sie ihrem Kind die Zukunft verbauen kann. [...] Die haben sie ganz schlimm als Staatsfeind beschimpft. Der Staat hätte ja schon so und so viel tausende Mark in meine Ausbildung gesteckt und das wäre jetzt alles verloren, wenn ich in den Westen gehe."*

... auf der Arbeit

Zu meinen GesprächspartnerInnen zählten auch fünf Kindergärtnerinnen, die bereits in der DDR als Kindergärtnerinnen gearbeitet haben. Mich hat der Umgang mit ausreisewilligen Kindergärtnerinnen vor allem deshalb interessiert, weil sie beispielsweise dazu verpflichtet waren, in den Kindern „die Liebe zu ihrem sozialistischen Vaterland" (Ministerium für Volksbildung 1985, in Grossmann 1992: 235) zu wecken – im Umkehrschluss wurde von Kindergärtnerinnen ebenfalls eine sozialistische Einstellung erwartet, woraus sich bei der Stellung eines Ausreiseantrags ein zusätzliches Spannungsfeld ergab. Des Weiteren ist die Betrachtung von ausreisewilligen Kindergärtnerinnen besonders interessant, da bei ihnen nicht nur die Reaktionen von Familie, Freundeskreis, Vorgesetzten und Arbeitskollegen_innen, Mitarbeiter_innen des MdI und MfS untersucht werden können, sondern auch mit den Eltern der Kindergartenkinder ein weiterer Personenkreis in das Forschungsfeld rückt, der mit den Antragstellenden zwar keinen engen Umgang pflegte, aber ein vielfältigeres, gesellschaftliches Spektrum an möglichen Reaktionen widerspiegelt.

Im nachfolgenden Fallbeispiel schildert Frau Weber die Reaktionen des Umfelds auf die Antragsstellung ihrer Freundin und Kollegin Frau Schreiber, zu der sie nach deren Ausreise keinen Kontakt mehr herstellen konnte; beide Frauen waren Mitte der 80er Jahre Kindergärtnerinnen und Anfang 20. Frau Schreiber war *vor* der Stellung ihres Ausreiseantrags eine sehr beliebte Kollegin, die von der Kindergartenleiterin häufig für ihre gute Arbeitsweise mit den Kindern gelobt wurde und bei der die Eltern *„am Frauentag und an all diesen Höhepunkten, die es da im Leben einer Kindergärtnerin gab, Schlange* *standen". Nachdem* Frau Schreiber, den Ausreiseantrag gestellt hatte, um zu ihrem in die BRD ausgereisten Freund zu gelangen, *„haben sich auf einmal die mir bis dahin bekannten Menschen verwandelt. Es spielte plötzlich keine Rolle mehr, dass das eine sehr gute Kollegin gewesen ist, es hat niemanden mehr interessiert. [...] Der Elternrat, der sie so hoch gelobt hat, konnte sich nicht mehr daran erinnern. Die Eltern haben sich auf der Straße von ihr abgewendet und sind auf die andere Straßenseite gegangen; die haben sie beschimpft - nette Eltern, wo man bis dahin überhaupt nicht dachte, dass die so etwas fertig bringen."* Die Kindergartenleiterin teilte den Kolleginnen in der monatlichen Besprechung mit, *„was man für einen Vaterlandsverräter im Haus hat", „wie sie sich in ihr getäuscht haben und wie sie dem Staat, der diesen Menschen praktisch gefördert und groß gemacht hat, den Rücken kehrt"*. Die Kolleginnen, *„die ich bis dahin als gute Leute kannte, haben wirklich nur noch schmutzige Wäsche gewaschen"*. Frau Schreiber wurde von einem Tag auf den anderen ihrer Kindergartengruppe enthoben und durfte nur noch in der Küche desselben Kindergartens arbeiten, wo sie täglich den Anfeindungen ihrer Kolleginnen aber auch deren Schweigen ausgesetzt war.

„Ich konnte nicht verstehen, dass sie zu einer unerwünschten Person erklärt wurde, so etwas wie vogelfrei" – Frau Weber, die sich als einzige von über zwanzig Kolleginnen öffentlich für Frau Schreiber einsetzte, geriet zunehmend in Isolation und unter Druck. Beispielsweise wurde sie als einzige Kollegin in ihrer Arbeit mit den Kindern von einem so genanntem Fachberater regelmäßig kontrolliert, der sich *„um das pädagogische Seelenheil, besser gesagt um das politische Seelenheil der Kinder kümmern sollte"*, und mehrfach von der Kindergartenleiterin zu Aussprachen bestellt, in denen ihr nahe gelegt wurde, auf der *„rechten Bahn"* zu bleiben und sich zu überlegen, mit wem sie Kontakt hält. Hinzu kam die Überwachung durch das MfS.

Mehrere meiner GesprächspartnerInnen berichteten von Versetzungen auf einen niedrigeren Posten mit weniger Gehalt, von Entlassungen und der vergeblichen Suche nach einem neuen Arbeitsplatz: *„Sowie man einen Ausreiseantrag gestellt hatte, war man ja politisch absolut untragbar. [...] Darüber war ich schon bestürzt. Dass etwas in der Richtung kommen würde war klar. Aber das es so schlimm werden würde, damit haben wir nicht gerechnet"* (Frau Neumann). Dabei machte es jedoch einen großen Unterschied, ob mensch in einer staatlichen Institution (z.B. Kindergarten) bzw. größerem Betrieb (z.B. Waffelfabrik) oder in einem Privatbetrieb (z.B. Kosmetiksalon) arbeitete. In letzteren war der Umgang mit Antragsstellenden eher von Toleranz und Befürwortung geprägt.

„Vorher war alles gut, alles normal – und dann ist man halt aussätzig."

In einem Studienmaterial eines Forschungskollektivs der Juristischen Hochschule des MfS (JHS)[15] wird das diskriminierende und repressive Verhalten seitens der Arbeitgeber_innen und Kollegen_innen 1985 als „unsachgemäß" bezeichnet, da sie bei „Bekanntwerden von Übersiedlungsabsichten" nicht die „Rückgewinnung", sondern in erster Linie „die ‚Diziplinierung' bzw. sogar die ‚Bestrafung'" der Antragstellenden praktizierten (zitiert in Eisenfeld 1996: 39). Das Forschungskollektiv plädierte ausdrücklich für Methoden der Rückgewinnung, um zu verhindern, dass die Antragsstellenden in gesellschaftliche Isolation geraten, sich Gleichgesinnten anschließen und ihrem Anliegen immer hartnäckiger Ausdruck verleihen (vgl. ebd.: 40). Werden jedoch neben dem Vorgehen der Arbeitgeber_innen und Kollegen_innen auch die massiven Befragungen und Verhöre seitens des MfS und des MdI betrachtet, so drängt sich die Frage auf, ob die Erkenntnisse der JHS überhaupt an die betreffenden Institutionen kommuniziert wurden.

... des privaten Umfelds: Freunde und Familie

Im Vergleich zu den Schilderungen über den Umgang von Arbeitskollegen_innen fielen die Erzählungen über die Reaktionen von Freunden und Familienangehörigen meiner GesprächspartnerInnen relativ knapp aus. Frau Schmidt, die noch im Sommer 1989 gemeinsam mit ihrem Freund ausreiste, beschrieb die Reaktion ihrer Eltern als *„gefasst, geschockt - aber sie haben es verstanden, sie haben sich uns nicht in den Weg gestellt"*. Frau Neumann fasst ihre Situation mit der Aussage *„Im privaten Umfeld waren alle so wie wir eingestellt – es gab keine Probleme oder Konflikte"* kurz zusammen. Bis auf eine Ausnahme – die Eltern von Frau Schreiber brachen jeden Kontakt zu ihrer Tochter ab – waren die Reaktionen des privaten Umfelds positiv bzw. zumindest nicht ablehnend. Sie waren spätestens dann von Solidarisierung wie im Fall von Frau Brandt geprägt, als die negativen Konsequenzen auf der Arbeit oder im Umgang mit den Behörden sichtbar wurden. Ein bestimmendes Gefühl bei allen Erzählungen war die Trauer bei dem Gedanken, die Familie über lange Jahre hinweg nicht mehr wiedersehen zu können, da die Regelungen, ob und ab wann ehemalige DDR-Bürger_innen wieder in die DDR einreisen durften, undurchsichtig waren. Frau Hofmann, bei ihrer Ausreise 17 Jahre alt, musste von ihrem Vater die Einwilligung in ihre Ausreise vorlegen: *„Ich bin schweren Herzens mit diesem Schriftstück zu ihm gegangen und es war eine ganz furchtbare*

15 Weiterführende Informationen zur JHS in Förster, Günter (1996).

Verabschiedung. Wir haben beide ganz fürchterlich geweint. Ich habe gedacht, ich sehe meinen Papa jetzt nie wieder. Also wie eine Verabschiedung für immer und er hat denn gesagt: ‚Wenn das dein Wunsch und es dein Glück ist, dann unterschreibe ich das und dann lasse ich dich gehen.' Aber man kann sich das gar nicht vorstellen, es war ganz furchtbar für mich."

Anstelle eines Fazits: Informations- und Sprachlosigkeit

Zwei Dinge prägen den Eindruck von den Gesprächen: Das Regime verwendete enorm viel Zeit und Energie darauf, Antragsstellende so informationslos wie möglich zu halten und so sprachlos wie möglich zu machen. Antragsstellende hatten nur durch Verwandte in der BRD, durch gleichgesinnte DDR-Bürger_innen und/oder durch so genannten Rückverbindungen, das heißt Kontakte von ehemaligen DDR-Bürger_innen zu Noch-DDR-Bürger_innen, die Möglichkeit in Erfahrung zu bringen, was bei der Stellung eines Ausreiseantrag zu berücksichtigen und womit zu rechnen war. Wer als DDR-Bürger_in nicht über die entsprechenden Netzwerke und Quellen verfügte, hatte den undurchsichtigen (Nicht-)Bewilligungsprozessen der DDR-Organe nur wenig entgegenzusetzen.

Die Taktik, Antragsstellende durch Informationslosigkeit zu lähmen, wurde noch durch das Bestreben erschwert, den Menschen kein Forum für ihre politisch unerwünschten Ansichten zu geben, sie nicht öffentlich auftreten zu lassen und sie mit der Androhung von Repressionen einzuschüchtern, mundtot zu machen. In jedem der Gespräche fiel früher oder später das Wort „Schweigen". Den offensiv und diskriminierend auftretenden Menschen und den „typischen" Mitläufer_innen, denen meine GesprächspartnerInnen in ihrer Wartezeit begegneten, stand eine große Masse gegenüber, die schwieg, die nichts tat. Jedoch schwiegen nicht nur die sprachlosen Zuschauer, auch die Antragsstellenden oder allgemeiner gesprochen Menschen, die in irgendeiner Form mit dem DDR-System in Konflikt geraten waren, blieben häufig stumm. Beispielhaft dafür ist die eher in einem Nebensatz erwähnte Strafversetzung einer Kollegin von Frau Müller. Auf die Frage wieso die Kollegin strafversetzt wurde, antwortete sie: *„Na auch wegen politischen Äußerungen. Wenn sie aus der Partei ausgeschlossen wurde, dann wird das schon irgend so eine Sache gewesen sein. Das muss wohl irgendwas in der Richtung gewesen sein. [...] Kann ich nicht genau sagen. Also die Leute wurden ja dann auch dazu verdonnert, darüber nicht zu reden. [...] Es wurde eigentlich nicht darüber geredet, da wurde völliges Stillschweigen bewahrt."* Besonders nachdenklich stimmt es, wenn Menschen auch 18 Jahre nach dem Beitritt der DDR zu der BRD über diese Themen nicht reden, obwohl die Möglichkeit dazu besteht. Das „damals" ist noch immer in die Menschen eingeschrieben: Die Erinnerung ist abgestorben oder schmerzt.

Diskriminierende und repressive Erfahrungen stellen für ehemalige DDR-Bürger_innen, die nicht von ihnen betroffen waren, häufig ein Tabu dar, sie begegnen diesen Erzählungen mit Unglauben. So wie Frau Hammer, die davon überzeugt ist, dass die Berichte ehemaliger Häftlinge des Gefängnisses in der Gedenkstätte Hohenschönhausen ge- bzw. verfälscht sind. Auch wenn ein politisches System kollabiert – in den Menschen, in den Ausgereisten *und* in den Gebliebenen, die es geprägt hat, lebt es weiter.

Ich bedanke mich bei all meinen GesprächspartnerInnen auf das Herzlichste für ihre Bereitschaft und für ihren Mut, über dieses Kapitel ihres Lebens zu sprechen. Schilderungen und Berichte wie die ihren sind es, die deutsch-deutscher Geschichte ein Gesicht geben und die uns immer wieder daran erinnern, dass deren Aufarbeitung notwendig und längst noch nicht abgeschlossen ist.

Literatur

amnesty international (1992): Deutsche Demokratische Republik-Rechtsprechung hinter verschlossenen Türen. Bonn. Auch als PDF-Version herunter zu laden unter http://freigekauft.com/ai/tueren.htm [Zugriff am 20.06.2008].

Bindig, Belinda (2009): Nicht-Sprechen über... Fragen zur Aufarbeitung von Ausgrenzung und Gewalterfahrungen in narrativen Interviews. In: feldnotizen. Studentische Publikation am Institut für Europäische Ethnologie der Humboldt-Universität zu Berlin. Ausgabe 4 (im Druck).

Eisenfeld, Bernd (1996): Die zentrale Koordinierungsgruppe Bekämpfung von Flucht und Übersiedlung. In: Henke, Klaus-Dietmar/Suckut, Siegfried/Vollnhals, Clemens/Süß, Walter/Engelmann, Roger (Hg.): Anatomie der Staatssicherheit. Geschichte, Struktur und Methoden. MfS-Handbuch. Band 3: Wichtige Diensteinheiten/17., Der Bundesbeauftragte für die Unterlagen des Staatssicherheitsdienstes der ehemaligen Deutschen Demokratischen Republik, Abteilung Bildung und Forschung. Berlin.

Förster, Günter (1996): Die Juristische Hochschule des MfS. In: Henke, Klaus-Dietmar/Suckut, Siegfried/Vollnhals, Clemens/Süß, Walter/Engelmann, Roger (Hg.): Anatomie der Staatssicherheit. Geschichte, Struktur und

Methoden. MfS-Handbuch. Band 3: Wichtige Diensteinheiten/6., Der Bundesbeauftragte für die Unterlagen des Staatssicherheitsdienstes der ehemaligen Deutschen Demokratischen Republik, Abteilung Bildung und Forschung. Berlin.

Konferenz über Sicherheit und Zusammenarbeit in Europa. Schlussakte. Helsinki 1975. In: http://www.osce.org/documents/mcs/1975/08/4044_de.pdf [Zugriff am 29.06.2008].

Girtler, Roland (2001): Das „ero-epische" Gespräch. In: ders.: Methoden der Feldforschung. Wien, Köln, Weimar, S. 147-168.

Grossmann, Wilma (1992): Kindergarten und Pädagogik: Grundlagentexte zur deutsch-deutschen Bestandsaufnahme. Weinheim.

Lochen, Hans-Hermann/Meyer-Seitz, Christian (Hg.) (1992): Die geheimen Anweisungen zur Diskriminierung Ausreisewilliger. Dokumente der Stasi und des Ministeriums des Innern. Köln.

Niebling, Gerhard (2003): Gegen das Verlassen der DDR, gegen Menschenhandel und Bandenkriminalität (Zur Verantwortung der ZKG/BKG). In: Grimmer, Reinhard/Irmler, Werner/Opitz, Willi/Schwanitz, Wolfgang (Hg.): Die Sicherheit. Zur Abwehrarbeit des MfS. 2. Band, Berlin.

Riemann, Dietmar (2005): Laufzettel. Tagebuch einer Ausreise. Band 3 der Serie: Biografische Quellen. Hrsg. von der Bundesbeauftragten für die Unterlagen des Staatssicherheitsdienstes der Ehemaligen Deutschen Demokratischen Republik (BstU). Göttingen.

Straube, Anna/Hamann, Ulrike (2008): „Es lebe die Prager Kommune!" – Von den Leerstellen der Geschichte_n um 68/Ost. In: Blask, Falk/Friedrich, Thomas (Hg.) : zweitausend8undsechzig. Berliner Blätter. Ethnografische und ethnologische Beiträge. Heft 48, Münster, S. 42-49.

Für Interessierte: Weiterführendes

http://www.bstu.bund.de/cln_029/nn_713530/DE/MfS-DDR-Geschichte/mfs-ddr-geschichte__node.html__nnn=true [Zugriff am 27.06.2008].

http://www.bundesarchiv.de/aufgaben_organisation/abteilungen/sapmo/ [Zugriff am 27.06.2008].

http://www.chronik-der-mauer.de/index.php/de/Chronical/Detail/year/1984 [Zugriff am 27.06.2008].

„Vorher war alles gut, alles normal - und dann ist man halt aussätzig."

http://www.dradio.de/dkultur/sendungen/kalenderblatt/807696/ [Zugriff am 27.06.2008].

http://www.kalenderblatt.de/index.php?what=thmanu&manu_id=209&tag=24&monat=7&year=2008&dayisset=1&lang=de [Zugriff am 27.06.2008].

http://www.stiftung-aufarbeitung.de/ [Zugriff am 27.06.2008].

http://www.stiftung-hsh.de/ [Zugriff am 27.06.2008].

Denise Schwesig

„Warum weiß niemand um unseren Teil der Geschichte?"[1]

Die Situation in den Aufnahmeheimen der DDR

Die ersten Puzzleteile

Eher zufällig kam ich zu meinem Thema in unserem Projektseminar, das sich mit dem ehemaligen Notaufnahmelager Marienfelde beschäftigte. In einer Internetsuchmaschine gab ich versehentlich *Aufnahmeheim* statt *Notaufnahmelager* ein und stieß unvermutet auf ein neues Feld, die West-Ost-Migration, die zu erforschen sich bisher nur wenige Menschen Mühe gemacht haben. Kaum jemand weiß heute, dass in der Geschichte der DDR insgesamt mehr als eine halbe Million Menschen den Weg von West- nach Ost-Deutschland gingen. Fast 40.000 Menschen siedelten nach Schließung der Grenzen in die DDR über. Sie mussten dabei diverse Aufnahmeheime passieren, deren Aufnahmebedingungen Thema dieser Arbeit sind. Eine sehr wichtige und umfangreiche Studie zum Thema West-Ost-Migration ist Andrea Schmelz's „Migration und Politik im geteilten Deutschland während des Kalten Krieges. Die West-Ost-Migration in die DDR in den 1950er und 1960er Jahren", die mir viele Anreize und Informationen lieferte und auf die ich mich immer wieder beziehen werde.

Die Geschichten meiner drei InterviewpartnerInnen gaben mir einen vielfältigen, spannenden und manchmal auch erschütternden Einblick in die Aufnahmepraxis verschiedener Aufnahmeheime in zwei Phasen des Kalten Krieges. Mein erster Interviewpartner, Herr Schulz, verbrachte 1961 einige Zeit im Aufnahmeheim Eisenach, also kurz vor der absoluten Grenzschließung. Für ihn war es eine Rücksiedelung. Frau Koch, aus West-Berlin kommend, siedelte 1960 über das Aufnahmeheim Berlin-Blankenfelde nach Ost-Berlin, um ihren Freund, von dem sie bereits schwanger war, endlich heiraten zu können. 1983 kam auch Frau Meier zurück in die DDR – über das zen-

1 Frau Meier im Interview September 2007. Die Namen aller InterviewpartnerInnen wurden anonymisiert.

trale Aufnahmeheim Röntgental. Es wird sich zeigen, dass die Bedingungen des Aufenthaltes in den 60er Jahren sich in einigen Punkten wesentlich von denen in den 80ern unterschieden.

Alle drei Interviews waren narrativer Art.[2] Ich hatte zwar einen Leitfaden vorbereitet, doch machte die Lust und Erleichterung der InterviewpartnerInnen[3], endlich das Erlebte jemandem zu erzählen, der interessiert zuhörte, diesen unnötig. Zusätzlich nutzte ich die räumliche Nähe zum Objekt Röntgental immer wieder, um das Gehörte mit meinen Eindrücken zu verknüpfen und erkundete das Gelände, in der Hoffnung, der Atmosphäre eines solchen Aufnahmeheimes nachspüren zu können.

Die Bezeichnung „Aufnahmeheim" war kein Zufall sondern wurde seit 1955 in der öffentlichen Sprachpolitik der DDR gewählt, als „bewusste Abgrenzung gegenüber den westlichen „Notaufnahmelagern", die in der Propaganda der DDR als „Elendsquartiere" der Republikflüchtigen im Westen betitelt wurden." (Schmelz 2002: 216)

Das Gelände in Röntgental ist ähnlich wie das ehemalige Notaufnahmelager Marienfelde am äußersten Stadtrand Berlins gelegen. Oberhalb Pankows schließen Wald und Heide direkt daran an. Wollte man etwas versteckt halten, so war hier der richtige Platz dafür. Bei meinen Streifzügen über das Gelände des ehemaligen Objektes, fand ich noch verfallene Baracken und, wie mir ein Ortskundiger verriet, Überreste von Übungsschiessanlagen.

Es war ein wenig gruselig, auch wenn mir vereinzelt Spaziergänger_innen mit Hunden und Jogger_innen begegneten, die mich aus meinen Phantasien rissen und mir berichteten, es sei im Dorf immer bekannt gewesen, was sich hier befand. Ich hatte gehofft, spektakuläre Geschichten oder wenigstens seltsame Begegnungen und Erlebnisse im Zusammenhang mit der Anlage zu erfahren, doch wurde ich in der Hinsicht durch die völlige Nüchternheit der Anwohner_innen enttäuscht. Soviel jedenfalls zur Glaubwürdigkeit des Internets. Denn dort stieß ich auf die wildesten Spekulationen: vom Stasi-Knast über RAF-Versteck bis hin zu der Vermutung, es hätte dort eine unterirdische Schießanlage gegeben (Hinweise fand ich nur für eine oberirdische Übungsanlage).[4] Damals war der Weg durch den Wald den Anwohner_innen versperrt

2 Die Interviews wurden im Zeitraum September 2007 bis Januar 2008 durchgeführt.

3 Frau Meier, Herr Schulz und Frau Koch. Die Namen aller InterviewpartnerInnen wurden anonymisiert.

4 http://forum.hidden-places.de/showthread.php?t=2912&highlight=r%F6ntgental [Zugriff am 01.12.2007] Nur nach Anmeldung sind diese Forenbeiträge sichtbar.

gewesen, wie Reste von Wellblechzäunen und Stacheldraht in großzügigem Abstand zur Anlage bezeugen. Kommt man von der Straße, wo sich heute der offizielle Eingang eines Seniorenheimes befindet, so erblickt man zuerst ein großes Gebäude im Stil der Ferienheime der DDR in den70er Jahren. Doch die Geschichte der Aufnahmeheime im Osten beginnt mit Baracken.

Auf dem Weg zur „neuen Welt"

Schon seit Beginn der Teilung Deutschlands nach dem zweiten Weltkrieg gab es viele Menschen, die sowohl aus politischen, überwiegend jedoch aus privaten Gründen in die DDR übersiedelten, und zumeist von den Grenzbehörden aufgegriffen und nach kurzer Zeit wieder abgeschoben wurden (vgl. Schmelz 2002: 220). Erst am 01.03.1953 wurden drei Sammelstellen in Bützow[5], Fürstenwalde[6] und Eisenach[7] eröffnet, die die Aufnahme über die Lager hauptsächlich auf Bundesbürger_innen beschränkten, die entweder keine Zuzugsgenehmigungen hatten oder die aufgrund schwieriger Umstände in der BRD unvorbereitet in die DDR übersiedeln wollten. Andrea Schmelz betont in ihrer Untersuchung über die West-Ost-Migration vor 1961 außerdem, dass die ersten Aufnahmelager vor allem auch dazu dienten, durch Befragungen der Neuankömmlinge geheimdienstliche Informationen zu beschaffen. Ab 1957 waren Zuziehende verpflichtet, über eines der Aufnahmeheime in Bützow, Eisenach, Fürstenwalde, Blankenfelde[8], Pritzier[9], Rudolstadt[10], das Übergangsheim Barby[11] oder Schönebeck-Salzelem[12] einzureisen. Bis 1961 passierten hundert Prozent der Zuziehenden und Rückkehrer_innen eines dieser Aufnahmeheime.

Die Gründe für den Ausbau des Systems der „Quarantänelager"[13] waren sowohl innenpolitischer als auch sicherheitspolitischer Natur, denn so war es

5 Die schöne Stadt Bützow liegt in Mecklenburg-Vorpommern.
6 Im Landkreis Oder-Spree in Brandenburg liegt Fürstenwalde.
7 Das Aufnahmeheim Eisenach lag in Thüringen.
8 Der Ortsteil Blankenfelde gehört zum Berliner Stadtbezirk Pankow.
9 Pritzier ist eine Gemeinde im Landkreis Ludwigslust in Mecklenburg-Vorpommern.
10 Im Landkreis Saalfeld-Rudolstadt im Freistaat Thüringen liegt Rudolstadt.
11 Barby liegt nahe der Landeshauptstadt Sachsen-Anhalts, Magdeburg.
12 Stadt Schönebeck an der Elbe liegt am Rande der Magdeburger Börde.
13 „Bei der Etablierung der Aufnahmeheime wurde offiziell die Bezeichnung ‚Quarantänelager', manchmal auch ‚Auffanglager' festgelegt; nach der Systemkrise vom Juni 1953 erfolgte eine Umbenennung in ‚Unterkunftsstelle'" (Schmelz 2002: 226).

leichter möglich, Personendaten und Vorleben der Bundesbürger_innen zu überprüfen. Zum anderen waren Flüchtlingszahlen von großem symbolischen Wert für beide deutsche Teilstaaten, die um internationale Aufmerksamkeit rangen (ebd.: 266). Immerhin konnte man 1960 eine Gesamtzahl der West-Ost-Migrant_innen von 42.943, 1961 noch 34.039 und 1962 14.472 verzeichnen. Die BRD war immer bemüht, diese Zahlen so gering wie möglich erscheinen zu lassen und setzte sie in Beziehung zu der weitaus höheren Anzahl der Ost-West-Migranten. Obwohl die Migration nach dem Mauerbau 1961 natürlich beträchtlich abnahm, blieben die Heime noch bis Ende der 60er Jahre erhalten.

Ab 1979 gab es dann für BRD-Bürger_innen nur noch ein zentrales Aufnahmeheim in Röntgental, nahe Berlin. Auch hier waren die Rückkehrenden und Zuziehenden vorerst in vier Baracken untergebracht, bis 1986 das große Gebäude fertig gestellt war, das noch heute als Seniorenheim dient. Nun war es möglich, bis zu zweihundert Menschen gleichzeitig unterzubringen. Im Durchschnitt hielten sich hier jedoch nur 30-40 Personen auf. Im Zeitraum 1984-89 wurden 3.637 Menschen aufgenommen. Davon waren 1.386 Rückkehrer_innen, 1.619 BRD-Bürger_innen und 632 Personen aus anderen nichtsozialistischen Staaten – über 400 Antragsteller_innen wurden abgewiesen (vgl. Stahlbaum 2007).

Motivationen

Tief im Wald entdecke ich Stacheldraht im Unterholz. Unter so einem ist Herr Schulz 1958 an der thüringerischen Grenze in den Westen gekrochen. Gerade 16 Jahre war er alt und sagt heute darüber *„es war eher ein Abenteuer“*, ohne dass er sich der Konsequenzen eines Übertritts in die BRD bewusst war. In Gießen verbrachte er ein paar Tage im Notaufnahmelager, bevor er versuchte, im Westen Fuß zu fassen. Doch es dauerte nicht lange und er sehnte sich wieder zurück zu seiner Familie und seinen zurückgelassenen Freunden. Er habe *„die Wärme im Miteinander im Westen vermisst“* erzählt er mir.

Schmelz betont in ihrer Studie und auch meine InterviewpartnerInnen bestätigen, dass mangelnde soziale Anerkennung und fehlende zwischenmenschliche Kontakte in der Bundesrepublik bei den Rückkehrenden den Hauptbeweggrund ausmachten (vgl. Schmelz 2002: 249ff.). Offiziell gaben viele Umsiedler_innen wirtschaftliche Not als ausschlaggebenden Grund an.

In diese Kategorie fällt „soziale Not“, „Arbeitslosigkeit“ oder „wachsende Lebenshaltungskosten“.

Etwa 5% der Umsiedler_innen entschieden sich aus politischen Gründen in die DDR einzureisen. Diese wenigen wurden dann, wie Frau Koch aus Blankenfelde berichtet, im Lager vorgeführt, *„auch Familien mit vielen Kindern, um die Kinderfreundlichkeit der DDR im Gegensatz zum Westen zu demonstrieren“*. Insgesamt sind diese Zahlen jedoch kritisch zu lesen, sind sie doch auch ein „Ausdruck des Systemwettstreits um den Lebensstandart“ (ebd.: 250) beider Teilstaaten.

Zustand der Aufnahmeheime

Herr Schulz ging 1961 zurück in die DDR über Eisenach, dem damals größten Umsiedlerheim, und blieb dort ganze sieben Wochen. Die lange Zeit im Heim erklärt er sich damit, dass er wohl weniger wichtig für die Behörde war und deshalb auf ein Nebengleis abgestellt wurde. Man habe ihn einfach vergessen. Faktisch verlängerte sich die Aufenthaltszeit Anfang der 60er Jahre aufgrund der erhöhten Sicherheitsmaßnahmen für die meisten Heiminsassen drastisch. Die angesetzte maximale Aufenthaltszeit von 21 Tagen, die eigentlich nur der Überbrückung dienen sollte, bis ein geeigneter Wohn- und Arbeitsort gefunden war, wurde tatsächlich 1961 bei mehr als 50% überschritten (ebd.: 233). Von Langeweile konnte jedoch für Herrn Schulz keine Rede sein, denn er nutzte die Möglichkeit, um arbeiten zu gehen und sich nebenbei ein wenig zusätzliches Geld bei einem Bauern zu verdienen, der ihm vermittelt wurde – eine Regelung, die nach dem Mauerbau 1961 abgeschafft wurde. Frau Koch jedoch profitierte noch von ihr, da sie im tristen November 1960 in die DDR übersiedelte. Sie half ein wenig in der Küche des Heimes und den Männern dabei, ihre Formulare auszufüllen, und ließ sich von ihnen, da sie schwanger war, Milchpulver und ähnliches aus dem Konsum des Geländes mitbringen.

Sie verbrachte fünf Tage im Lager Blankenfelde, von denen sie sagt, sie hätten sich angefühlt wie vier Wochen. Eingesperrt hätte sie sich gefühlt, vor allem die ständigen Verhöre bis in die Nacht und die 48-stündige „Quarantäne“ zu Beginn des Aufenthaltes seien eine Tortur gewesen. Sie berichtet, sie hätte in Blankenfelde die ersten zwei Tage zusammen mit 21 Menschen in einem Raum zubringen müssen. Alles Frauen und Kinder, die schrecklich weinten, sodass sie kaum schlafen konnte. Von dieser Maßnahme erzählte Herr Schulz nichts. Auch in meiner Lektüre lässt sich nichts darüber finden. Später erwähnt Frau Meier, meine Interviewpartnerin, die in Röntgental war, ebenfalls die Maßnahme „Quarantäne" und spricht es interessanterweise ebenso mit einem überbetonten „u" aus wie Frau Koch. Sie musste jedoch eine Nacht allein in einem von außen verschlossenen Zimmer zubringen.

Den desaströsen Zustand der Anlage selbst thematisiert Frau Koch wie folgt: Die Schlafsäle wären überbelegt und dreckig gewesen. Zum Waschen gab es nur kaltes Wasser, auch die Wäsche wurde von jedem per Hand selbst gewaschen. Im Aufnahmeheim von Herrn Schulz waren die Umstände der Unterkunft ebenfalls dementsprechend. Doch obwohl gerade das Aufnahmelager Eisenach, in dem er unterkam, in Quellen als Beispiel für eine völlig unzureichende Versorgung der Heiminsassen herangezogen wird (vgl. ebd. 222), kommentiert mein Interviewpartner diesen Zustand nur knapp mit den Worten: *„Das war doch klar"*. Hier zeigt sich, welchen Einfluss die unterschiedliche Sozialisation meiner beiden InterviewpartnerInnen auf ihre Wahrnehmung hat. Denn während Herr Schulz sehr optimistischer Natur ist und außerdem sehr jung war, kommentiert er seine Zeit der Umsiedlung und der damit einhergehenden „Lagererfahrung"[14] als sehr positiv. Gefragt nach Attributen zu dieser Zeit nennt er *„Neuanfang"* und *„alles hinter sich lassen"*. Da er aus der DDR kommt, kann er den im Lager vorgefundenen Zustand als ortsgebunden reflektieren. Frau Koch hingegen, als schwangere Frau aus der BRD kommend, thematisiert und beurteilt die wesentlich kürzere Zeit weitaus kritischer.

Zwischenmenschliche Aspekte

Neben dem schlechten Zustand der Einrichtungen an sich war auch die Behandlung der Heiminsassen durch die Lagerleitung und deren Mitarbeiter_innen von besonderer „Qualität". Frau Koch berichtet von einem rüden Umgang mit dem Unterton der Abschätzung: *„Jeder bekam eine Nummer, die jeden Morgen aufgerufen wurde. Die Nummern vor dem Frühstück durften bleiben."* Hier zeigt sich für mich deutlich, wie bedeutend das Druckmittel einer Abschiebung und Rückschleusung durch die Mitarbeiter_innen gegen die Bewohner_innen war und eingesetzt wurde. Man stelle sich nur die tägliche Anspannung vor, mit der der Tag beginnt!

14 Die Begriffe „Lager", „Lagererfahrung" und auch „Lagerkoller" finden sich in den Erfahrungsberichten immer wieder. Da das Wort „Lager" mit einer negativen Konnotation belegt ist, kennzeichnet dessen Gebrauch die Zwangssituation der Übersiedler_innen.

Auch die ständigen Befragungen, von meinen InterviewpartnerInnen einstimmig als *„Verhöre"* bezeichnet, stellten eine Tortur dar: *„Immer wieder die gleichen Fragen und die Ungewissheit, ob man bleiben dürfe"* (Fr. Koch).

Ziele der Befragungen waren laut einem Bericht über die Durchführung des Aufnahmeverfahrens aus dem Jahre 1961 die:

„1. Verhinderung des Eindringens von Feinden, kriminellen und asozialen Elementen, um die Sicherheit in der Deutschen Demokratischen Republik zu gewährleisten,
2. Erfüllung der Erziehungsfunktion gegenüber Rückkehrern und Zuziehenden, dabei sind die Rückkehrer und Zuziehenden korrekt zu behandeln und mit dem Leben in der DDR vertraut zu machen,
3. Beschaffung und Auswertung von Angaben und Aussagen bei Rückkehrern, um Ursachen und begünstigende Faktoren, die zur Republikflucht führten, festzustellen;
4. Beschaffung und Auswertung von Angaben und Aussagen von Rückkehrern und Zuziehenden zum Nachweis über die Kriegsvorbereitungen in den Westzonen." (Schmelz 2002: 248)

Die Prozedur sah Fragen besonders zur Motivation der Einreise vor. „Außerdem erfolgt die Befragung nach politischen und wirtschaftlichen Gesichtspunkten, wobei gleichzeitig die nationale und internationale Lage berücksichtigt wird." (ebd.: 249) Da das Verhalten in den Lagern maßgeblich über eine Zuzugsgenehmigung entschied, muss die Situation sehr zermürbend gewesen sein. War man doch dadurch gezwungen, allen Unmut zu unterdrücken. Doch nicht nur die raue Behandlung der Heiminsassen durch die Heimmitarbeiter_innen, sondern auch das Verhalten untereinander stellte die Umsiedler_innen auf eine Zerreißprobe. Alle meine drei InterviewpartnerInnen berichten von einem starken Misstrauen auch gegenüber anderen Übersiedler_innen. Doch nach Indizien und Begründungen des Argwohns gefragt, winken sie alle ab: Das hätte man doch gewusst oder *„Der war nicht ganz koscher"* (Hr. Schulz). *„Mit wem kann ich reden? Wer erzählt was weiter? Niemand erzählte Privates"* (Fr. Koch). Herr Schulz betont außerdem, dass *„manch anderer überfordert war, ob des Misstrauens im Lager, auch wegen des Aushorchens durch die Stasi"*.

Unglaubliche Geschichten habe ich im Zusammenhang damit gehört und gelesen, allesamt aus dem Zentralen Aufnahmeheim Röntgental[15]: Bei-

15 www.wissen.spiegel.de/wissen/dokument/dokument.html?id=14317108&top=SPIEGEL [Zugriff am 01.08.2008]; www.niederlausitz-aktuell.de/artikel_6_137.php [Zugriff am 03.08.2008]; http://www.mybrandenburg.net/node/156 [Zugriff 04.08.2008].

spielsweise hätte es Schlägereien gegeben, weil ein „Kollege" statt der Billigmarke „Karo" die teureren „Club-Zigaretten" rauchte. Der Schlagende hätte sich „angeschissen gefühlt". Ein Anderer bereute später, eine Frau an der Essensausgabe geohrfeigt zu haben, weil sie sich vorgedrängelt habe. Ein Bericht handelte von einem Mann, der die Zustände nicht mehr aushielt und schreiend gegen die Eisentür am Heimeingang trat: „Lasst mich raus ihr Schweine!" Er wäre abgeschoben worden mit der Begründung, „er sei nicht gefestigt genug für die DDR-Bürgerschaft." Der Druck auf die Heiminsassen war offensichtlich und vor allem nach der Grenzschließung zentral in der Wahrnehmung der Aufnahmeheime. Daneben bestand der Lageralltag hauptsächlich aus Langeweile, mit überwachten Dia-Vorträgen und dem Lesen DDR-freundlicher Literatur, was hiermit nur erwähnt sei.

Röntgental von innen

Die willkürliche Behandlung der Menschen im Auftrag bzw. im Sinne der DDR ist zu Recht vorrangiger Inhalt aller Berichte. So steht die Geschichte von Frau Meier exemplarisch für die mehr als 3.000 Personen, die zwischen 1984-89 Röntgental durchlaufen mussten. Private Gründe trieben sie zu einer Übersiedlung im Jahre 1983. Wie Herr Schulz kommt auch Frau Meier ursprünglich aus der DDR. Ihre 17jährige *„Tochter sprang am Tag des Mauerbaus über die Grünanlage in den Westen"*. Sie hatte großes Glück, da sie unwissentlich von einem Abkommen der Regierungen über einen dreitägigen Waffenstillstand an der Grenze profitierte. Seitdem versuchte die Mutter, Frau Meier, die Familie zusammenzuführen, ließ sich von ihrem Mann scheiden, damit sie übersiedeln konnte und zog allein nach West-Berlin. Doch die Hoffnung, ihren Mann nachholen zu können, blieb unerfüllt und so beschloss sie, als ihr Enkel, um den sie sich in Berlin kümmerte, alt genug war, nach 22 Jahren wieder zurückzukehren.

Nachdem sie sich in Pankow informiert hatte, schloss sie eine Übereinkunft mit dem Sozialamt über die Aufrechterhaltung ihrer Wohnung im Falle eines Scheiterns und fuhr *„guten Mutes"* (Fr. Meier) zur Friedrichstraße, wo ihr der Ausweis abgenommen wurde und von wo aus man sie zu einem unbekannten Ziel brachte. In Röntgental angekommen, wurden alle ihre Sachen konfisziert und sie verbrachte eine Nacht allein in einem dreckigen Zimmer in „Quarantäne", in einer Baracke, die vom Rest des Lagers durch Maschendrahtzaun getrennt war. Danach wurde sie in einer von drei Baracken, der „Frauen-Baracke“, untergebracht. Ansprechen durften sich die Bewohner_innen nur mit Vornamen, Besuche auf den Zimmern waren verboten.

Meine Interviewpartnerin betont immer wieder, wie sehr sie sich beobachtet gefühlt habe. Auch der versuchte heimliche Besuch durch eine Mitinsassin wurde sofort unterbunden. *„Da klopfte der und sagte: ‚Frau soundso, verlassen sie bitte das Zimmer!'“* Wurde man wirklich überall abgehört und überwacht, sogar auf den Zimmern? Frau Meier vermutet sogar auf der Toilette Kameras: *„und die Zimmer, die waren alle mit solchen breiten Holzleisten versehen. Dazwischen waren immer solche Räume, also dahinter konnte alles Mögliche sein, auch die Toilette in der Baracke, die war auch so. Und wenn sie auf der Toilette [waren] und wollten was runterspülen, das haben die alles gewusst“* Angst und Misstrauen spiegeln sich hier wider, was angesichts solcher Behandlung kaum wundert. Auch jetzt noch, nach mehr als zwanzig Jahren, stiegen Frau Meier die Tränen in die Augen. Wenn man die folgenden Schilderungen liest, wird verständlich, wie schwer es angesichts solcher Umstände ist, die tatsächlichen Gegebenheiten vor Ort von Befürchtungen und Ängsten zu unterscheiden:

„Und anderntags zum Verhör und alles vorwärts und rückwärts aufschreiben und auch dass meine Tochter eben geflüchtet ist, und ob ich welche kenne, die geflüchtet sind und so weiter“ Diese Verhöre gehörten für Frau Meier zur täglichen Routine. Immer wieder musste sie vor dem alten Steinhaus, in dem die Gespräche stattfanden, stundenlang warten. *„Dann wurde man hereingerufen. Und das waren Verhöre bis in die Nacht. Und dann wurden Fingerabdrücke genommen, und von allen Seiten fotografiert.“* Noch in Köpenick (Ost-Berlin) lebend, hatte sie in den 60er Jahren einen Autounfall, der sie in Rente zwang. *„Das haben sie mir hier in dem Lager dann angelastet. Weil der Schuld hatte und die vermutet haben, ich bin nur rüber, um in der DDR Rente zu bekommen. Aufgrund dieses Unfalls. Und wenn ich nicht unterschrieben habe, dann hieß es nur: ‚Frau Meier, wir haben Zeit. Sie brauchen hier nicht zu schreien, es hört sie hier sowieso keiner.' Dann wurde die Heizung aufgedreht. Die Tür und Fenster habe ich nicht aufgekriegt und dann haben sie dort kampiert, und wenn ich austreten musste, musste man auf die Erde machen. Man ist da nicht herausgekommen. So richtig Folter“*. Doch auch nachdem Frau Meier das Aufnahmeverfahren hinter sich gebracht hatte, wurde sie in der DDR nicht heimisch: Sie kehrte wieder zurück in ihre Reinickendorfer Wohnung, als sie auch bei ihrer Familie auf eine ablehnende Haltung stieß.

Willkommen in der DDR?

Da hier die Grenze zum mit dem Verstand erklärbaren, logisch menschlichen Verhalten bereits überschritten ist, wundert es kaum, dass Gerüchte wie weiter oben beschrieben, in der Wahrnehmung von außen im Mittelpunkt stehen. Immer wieder wird mir, vor allem durch den Vergleich scheinbar kleiner Fakten wie die unterschiedliche Bewertung der Sauberkeit und des Miteinanders bewusst, dass meine Forschung keineswegs Anspruch auf allgemeingültige Aussagen haben, sondern nur einen Einblick geben kann in Teile der Geschichte aus ganz unterschiedlichen Wahrnehmungsstandpunkten. Doch in der Gesamtheit der Dinge, die ich in Erfahrung bringen konnte über die Bedingungen einer Umsiedlung in die DDR, wird klar, dass sich hier keinem_er BRD-Bürger_in ein Bild des Willkommens bot. Waren die äußerlichen Bedingungen einer Übersiedlung von Anfang an bereits unzureichend, so wurden diese im Laufe der Zeit scheinbar eher systematisiert, statt beseitigt.

Abschließende Worte

Während der Zeit, in der ich zu diesem Thema forschte, waren meine Sinne natürlich für Systeme, die durch Manipulation, Überwachung und Unehrlichkeit durchgesetzt und erhalten werden, sehr geschärft. Mir fiel auf, dass viele Subsysteme diese Merkmale aufweisen. Mit Subsystemen meine ich Zusammenschlüsse von Menschen zu aufgaben-, sinn- und zweckgebundenen Einheiten (wie z. B. ein Verein), die sich gegenüber der sie umgebenden Umwelt abgrenzen. Sie organisieren sich durch Strukturen, die deshalb am Bestehen der Einheiten ein vorrangiges Interesse haben. Ich konnte Fälle beobachten, bei denen Vereinsmitglieder die Ausgrenzung von anderen Vereinsmitgliedern betrieben, um das Weiterbestehen der Vereinsstrukturen zu sichern. Alles für die Sache. Kommt einem doch irgendwie bekannt vor, oder? Und die Methoden, mit denen das Weiterbestehen durchgesetzt werden sollte, waren Manipulation, Verhöre (natürlich „Mitarbeitergespräche“ genannt) und Einschüchterung über bewusst gestreute Gerüchte etc. Mit der Zeit fiel mir auf, wie sich das Gefühl für den menschlichen Umgang bei den Beteiligten verschob: Verbale Attacken, gezielt verbreitete Lügen und manipulierende Ausschmückungen gehörten plötzlich zum Vereinsalltag. Für Betroffene ist es dann sehr schwer noch zu erkennen, was wahr ist, wenn dem eigenen Empfinden oft genug widersprochen wird. Die logische Schlussfolgerung für jeden, der sich mit Geschichte befasst, sollte daher sein, Schlüsse daraus zu ziehen, Muster aufzudecken und in der Gegenwart, dafür zu sorgen, dass ein System, das die Menschlichkeit in den Hintergrund stellt, nie wieder entstehen kann. Und der einzige Weg, die große Lehre, die wir daraus ziehen sollten, ist, seine eigenen Grenzen und die der anderen zu erkennen und zu respektieren.

Ich möchte mich abschließend bei meinen InterviewpartnerInnen Herr Schulz, Frau Meier und Frau Koch aufs Herzlichste bedanken.

Literatur

Schmelz, Andrea (2002): Migration und Politik im geteilten Deutschland während des Kalten Krieges. Die West-Ost-Migration in die DDR in den 1950er und 1960er Jahren. Opladen.

Stahlbaum, Stefan (2007): Neue Heimat DDR – Das Zentrale Aufnahmeheim Röntgental. In: http://www.bar-blog.de/2007/11/06/neue-heimat-ddr-das-zentrale-aufnahmeheim-roentgental/ [Zugriff am 09.03.2009].

Quellen

www.bar-blog.de/2007/11/06/neue-heimat-ddr-das-zentrale-aufnahmeheim-roentgental/ [Zugriff am 18.03.2009].

http://forum.hidden-places.de/showthread.php?t=2912&highlight=r%F6ntgental [Zugriff am 01.12.2007]. Nur nach Anmeldung sind diese Forenbeiträge sichtbar.

www.mybrandenburg.net/node/156 [Zugriff am 04.08.2008].

www.niederlausitz-aktuell.de/artikel_6_137.php [Zugriff am 03.08.2008].

www.wissen.spiegel.de/wissen/dokument/dokument.html?id=14317108&top=SPIEGEL [Zugriff am 01.08.2008].

www.zeit.de/1956/37/Offene-Arme-fuer-Wehrfluechtige [Zugriff am 04.08.2008].

Für Interessierte: Weiterführendes

Renner, Bettina/Stoll, Ulrich: Einmal Freiheit und zurück. ZDF/ARTE, D 2009, 52 Min.

Wunschik, Tobias (2007): Migrationspolitische Hypertrophien: Aufnahme und Überwachung von Zuwanderern aus der Bundesrepublik Deutschland in der DDR. In: Oltmer, Jochen/Vorstand des Instituts für Migrationsforschung und Interkulturelle Studien (IMIS) der Universität Osnabrück (Hrsg.): Migration, Staat und Politik. Heft 32, S. 33-60. Auch zu finden im Internet unter: www.imis.uni-osnabrueck.de/pdffiles/imis32.pdf [Zugriff am 19.03.2009].

Fotografischer Einblick

Spurensuche in Röntgental

Auf dem Gelände des ehemaligen Aufnahmeheims Röntgental, kann man noch heute Reste von Baracken, Beleuchtungsanlagen und Stacheldrahtzäunen finden. Diese Baracken dienten bis 1986 der Unterkunft von Übersiedler_innen. Danach waren sie bis 1989 in einem repräsentativeren Gebäude untergebracht, das Platz für mehr als 200 Menschen bot. Es wird heute als Seniorenheim genutzt.

Die folgenden Bilder entstanden auf einem Spaziergang im Oktober 2008.

Bild 1: Verfallene Baracken I

Bild 2: An einem Baum befestigte Laterne

Bild 3: In einer der Baracken I

Bild 4: Verfallene Baracken II

Bild 5: In einer der Baracken II

Bild 6: In einer der Baracken III

Linda Anhang

„Beratung und Hilfe brauchten sie alle“[1]

Zur Arbeit der Evangelischen Flüchtlingsseelsorge e. V.

Die Evangelische Flüchtlingsseelsorge (EFS) wurde 1953 eigens für die Arbeit im Notaufnahmelager Marienfelde gegründet und war eine von mehreren Hilfsorganisationen, die sich im Laufe der Geschichte auf dem Gelände befanden.[2] Versucht man die Arbeit der EFS zu rekonstruieren, kann man auf das an Fotos und Dokumenten reichhaltige Archiv der Erinnerungsstätte Notaufnahmelager Marienfelde zurückgreifen. Das Archiv beherbergt allerdings hauptsächlich Fotos aus den 50er und 60er Jahren, welche die Arbeit der EFS-MitarbeiterInnen zeigen, die jedoch meistens inszeniert wirken. Besonders ausführlich beschreibt Prof. Dr. Günter Köhler, seit 1986 Geschäftsführer der EFS, die Arbeit in den letzten vierzig Jahren in seinem Buch „Notaufnahme“. Möchte man mehr über die Arbeit der EFS wissen, ist die Lektüre dieses Buches zu empfehlen, denn darüber hinaus besteht nur die Möglichkeit der Befragung von EFS-MitarbeiterInnen und anderen ZeitzeugInnen.

Ihre bedeutungsvollste Arbeit leistete die EFS zu der Zeit der großen Flüchtlingsströme aus dem Osten, die mit dem Mauerbau 1961 schlagartig abebbten. Während das Land Berlin mit der organisatorischen Bewältigung der Flüchtlingsmassen zu kämpfen hatte, versuchte die EFS einen persönlichen Dienst am Menschen selbst zu leisten. Zu dieser Zeit war die Not der Flüchtlinge am größten. Sie lebten in behelfsmäßigen, in ganz West-Berlin eingerichteten und hoffnungslos überfüllten Lagern häufig monatelang ohne Privatsphäre. Die zumeist traumatisierten Menschen warteten geradezu „auf ein persönliches Wort“ (Köhler 1991: 146). So gingen die Pfarrer und Schwestern in die

1 Hildegard Frohne, u.a. ehemalige Verwaltungsleiterin der EFS, tätig für die EFS von 1971-2002, in einem Interview am 03.04.2008.

2 Im Jahre 2007 befanden sich auf dem Gelände des Durchgangsheimes u.a. der Caritasverband für das Erzbistum Berlin e.V., der Berliner Landesverband der Vertriebenen e.V. (BLV) und der Zentralverband Polistisch Ostgeschädigter e.V. (ZPO).

Lager zu den Menschen. Auch wenn den Lagerpfarrern anfangs „nichts anderes als die Verkündigung des Wortes Gottes“ (ebd.: 151) blieb, so bedeutete Seelsorge für die EFS nicht nur Gottesdienste und Gebetsrunden abzuhalten: „Die äußere Not unter den Flüchtlingen ist erschreckend. Und die Kirche kann in ihrem Dienst die materielle Seite nicht außer Acht lassen.“ (ebd.: 161) So machte auch die materielle, praktische und soziale Fürsorge den Wert der Arbeit aus, welche die EFS leistete. Dabei war die EFS komplett auf Spenden angewiesen. Neben mannigfaltigen Sachspenden konnte die EFS auf durchschnittlich 300.000 DM pro Jahr zurückgreifen (vgl. ebd.: 286ff.). Dies ermöglichte ihr nicht nur Kleidung und Nahrung an Bedürftige zu verteilen. Neben der Ausstattung der Gesellschaftsräume mit Bügeleisen, Lektüre, Spielen und einer Bastelecke gingen die EFS-MitarbeiterInnen zusätzlich durch vielfältige Freizeitangebote auf die Bedürfnisse der verschiedenen Altersgruppen ein. Mit den Kindern wurde gebastelt und gespielt, mit den Frauen traf man sich in Nähkreisen. Kinder und Alte bekamen mitunter sogar die Möglichkeit sich für ein paar Wochen in Erholungsheimen auszuruhen. Besonders zum christlichen Weihnachtsfest versuchte die EFS durch kleine Bescherungen und „Kaffeekränzchen“ den grauen Lageralltag etwas zu verschönern. Die Konfession der so von der EFS betreuten Flüchtlinge war von Anfang an nicht ausschlaggebend, denn „es spielte keine Rolle, ob ein Hilfesuchender Protestant, Katholik oder Atheist war.“ (ebd.: 180)

Ein weiteres Kapitel der Arbeit der EFS waren die Amtshandlungen wie Taufen, Konfirmationen, Trauungen und Beerdigungen. Allein in den ersten drei Jahren sind mit Hilfe der transportierbaren Taufschale, die heute in der Dauerausstellung der Erinnerungsstätte Notaufnahmelager Marienfelde zu sehen ist, über 700 Menschen getauft worden. Dabei handelte es sich nicht nur um Säuglinge. So litten z. B. viele Eltern darunter, dass sie in der DDR ihre Kinder aus gesellschaftlichen Gründen nicht hatten taufen oder konfirmieren lassen können und holten es in West-Berlin nach. Laut dem Konfirmandenbuch der EFS sind jährlich 200 bis 300 KonfirmandInnen in den Lagern konfirmiert worden. „Es hat auf die Familien und die Gäste stets einen tiefen und bleibenden Eindruck gemacht, wie sich die Kirche ihrer Flüchtlingskonfirmanden annahm“. (ebd.: 225) Die KonfirmandInnen wurden von der EFS, wenn nötig, nicht nur vollständig eingekleidet, sondern es gab auch der Größe ihrer Familie entsprechend ein Lebensmittelpaket. Ferner organisierten die MitarbeiterInnen Konfirmandenausflüge. Auch Trauungen waren freudige Ereignisse, die im Gegensatz zu den vielen Beerdigungen standen, zumal mehr als drei Viertel der Toten Kinder waren. Um sich der Gräber auch nach der Ausreise der Flüchtlinge annehmen zu können, kümmerte sich die EFS um ein eigenes Grabfeld auf dem Christenfriedhof in Berlin-Tempelhof (vgl. ebd.: 235ff.).

Mit dem Abnehmen der Flüchtlingsströme durch den Bau der Berliner Mauer normalisierte sich auch der Alltag der EFS, die auf mittlerweile gut organisierte Strukturen zurückgreifen konnte. Anfangs kamen noch Gastpfarrer aus ganz West-Deutschland für sechs Wochen nach Berlin. Nun erhielt die EFS einen Lagerpfarrer, der ständiger Ansprechpartner für die Flüchtlinge war. Auf die Gefahr hin, „dass viele zum Gottesdienst kommen, nur um Spenden in Empfang zu nehmen" (zitiert nach ebd.: 154), wurden mit dem Verteilen der Spenden andere MitarbeiterInnen beauftragt. Das Verwaltungsbüro außerhalb des Lagergeländes koordinierte die Spenden und Anfragen der Bedürftigen. Zusätzlich gab es von Anfang an LaienhelferInnen, welche die Flüchtlinge auch über den Lageraufenthalt hinaus betreuten, sie bei Ämtergängen unterstützen und soziale Hilfsarbeit leisteten. Das Besondere an dieser Arbeit war, dass die LaienhelferInnen selbst „alles Arbeitslose, Flüchtlinge und Heimatvertriebene" (ebd.: 182) waren und ihre Tätigkeit für die EFS oft über lange Jahre hinweg ausübten.[3]

Bei weitem nicht alle DDR-Flüchtlinge und Ausgereisten waren so bedürftig wie die Flüchtlinge zuvor und ihr Durchgangslageraufenthalt mitunter nicht mehr so langwierig. Die Nachfragen bei Gesprächspartnern unseres Seminars zeigten dies anschaulich. Herr P. (Ausreise 1988) nahm die Hilfe der EFS nicht in Anspruch, obwohl er in der DDR evangelisch konfirmiert worden war. Auch Herr B. (Ausreise 1984) hatte während seiner drei Tage Aufenthalt im Aufnahmelager keinen Kontakt zur EFS. Beiden war nicht einmal bekannt, dass die EFS vor Ort agierte. Herrn T. wiederum (Ausreise 1982) gelang als Atheist die Ausreise aus der DDR unter Mitarbeit der dortigen Kirche. Sein erstes *„West-Geld"* bekam er von der EFS. Darüber hinaus hatte er jedoch keinen weiteren Kontakt zur EFS. Eine Zusammenarbeit zwischen der EFS und der evangelischen Kirche in der DDR bestand übrigens aus Sicherheitsgründen für letztere nicht.[4]

Frau Frohne, die von 1971 bis 2002 als Verwaltungsleiterin für die EFS tätig war, berichtet, dass die Arbeit im Grunde über all die Jahre hinweg die Gleiche

3 Eine Liste der EFS-MitarbeiterInnen seit 1952 findet sich bei Köhler im Anhang S. 435-440.

4 Interview mit Frau Frohne im Frühjahr 2008.

blieb. Nur das Spenden von Nahrung wurde bereits in den 70ern eingestellt. Das Spenden von Kleidern jedoch wurde fortgeführt, wobei allerdings die Spendenpakete im Laufe der Jahre abnahmen und sich der Anspruch der Flüchtlinge wandelte: *„Je weniger Pakete kamen, desto mehr mussten wir kaufen. Umso mehr wuchsen aber auch die Ansprüche der Leute. In den 60er Jahren nahm man noch 'nen gebrauchten Mantel, der nicht ganz so toll aussah, aber in den 80er Jahren dachten die Leute hmmm naja."*

Auch das Klientel der EFS änderte sich. Laut Frau Frohne machten *„Haftentlassene und Abgeschobene"* in den Jahren vor dem Mauerfall einen großen Teil der durch die EFS Betreuten aus: *„Das war ja auch ein großer Personenkreis und auch ein sehr schwieriger, sehr schwieriger Kreis. [...] Die Abgeschobenen die standen da, die hatten nichts, die wollte man in der DDR nicht haben. Das waren vielfach kaputte Typen, manche Alkoholiker, psychisch Gestörte, da konnten wir nicht allzu viel tun. Die materielle Seite haben wir schon mit abgedeckt, aber das waren überwiegend jüngere Männer und ja, was macht man mit jüngeren Männern? Das war schon eine besondere Schwierigkeit. Da hat sich ein Mitarbeiter schon intensiver drum gekümmert, aber es sind uns auch viele durch die Lappen gegangen."*

Nach dem Mauerfall begann mit der verstärkten Ankunft der so genannten SpätaussiedlerInnen im Notaufnahmelager noch einmal eine neue Phase der Arbeit der EFS. Deren Aufenthalt im Lager zog sich wieder länger hin und sie brauchten eine ganz besonders persönliche Betreuung. Gerade für jene Kinder waren die von der EFS organisierten In- und Auslandsreisen für den Integrationsprozess hilfreich, da sie mit mehr Selbstbewusstsein und besseren Sprachkenntnissen ins Wohnheim zurückkehrten.

Mit der Schließung des Übergangswohnheims im Jahre 2009 endet auch die Arbeit der EFS, die mit viel Stolz auf eine gelungene Hilfsarbeit zurückschauen darf.

Literatur

Köhler, Günther (1991): Notaufnahme. Evangelische Flüchtlingsseelsorge. Vierzig Jahre im Dienst für Umsiedler, Aussiedler und Übersiedler in Berlin. Berlin.

Im Warteraum

Franck Gelhausen

„Neues Land – neues Leben"[1]

Identität im Wandel: Aus den Weiten Sibiriens in die Metropole an der Spree

Zwei Forscher im Feld mit Diktiergerät und einem Blumenstrauß

„Sie hat entschieden, uns hier fett zu machen", erklärt uns Tamaras charmante Enkelin an der Wohnungstür eines uniform wirkenden Wohnblocks des Durchgangsheimes Marienfelde im Berliner Süden, während uns der Duft längst vergangener Kindertage aus Omas Küche in die Nase steigt. Sie bittet uns herein in ihre Wohnung, die zwar klein und zweckmäßig jedoch zugleich lebendig und heiter wirkt. Babuschka[2] Tamara kommt uns aus der Küche im Flur entgegen, lacht uns an und fügt dem Ganzen schließlich hinzu: *„Meine Kinder wollen hier... leben. Ich bin mit ihnen gekommen. Zum Kochen."* Alle lachen wir laut, Babuschka freut sich am meisten und bittet uns nach einer innigen Umarmung in eines der beiden Schlafzimmer der Zwei-Zimmer-Wohnung.

Wir setzen uns auf die beiden abgedeckten Betten an den Seiten des Zimmers. Völlig gelöst werfen meine Kommilitonin Anne Hentschel und ich uns einige Blicke zu und stellen fest, dass es genauso herzlich und unbeschwert verläuft wie schon eine Woche zuvor, als wir die Familie kennen lernten und darüber sprachen, gerne ein Interview führen zu wollen.

Während Babuschka sogleich wieder in die Küche verschwindet und uns zuruft *„ihr müsst essen"*, öffnet sich die Tür des Badezimmers und die Dritte im Bunde, Babuschkas Tochter und Djenas Mutter, tritt uns auf zehn Zentimeter hohen Absätzen und mit ihren goldblonden Haaren entgegen. Auch sie ist guter Stimmung und hat sich offenbar zurecht gemacht für unseren

1 Zitat aus dem nachfolgenden Interview, ausgesprochen von der zwanzigjährigen Enkelin Djena

2 Im Nachfolgenden wird die Großmutter als Babuschka (russ. Großmutter) bezeichnet. Schon bei unserem ersten Treffen stellte Sie sich uns mit diesem Namen vor und bat uns, sie fortwährend so zu nennen.

gemeinsamen Nachmittag in ihrer bescheidenen Unterkunft. Sie begrüßt uns herzlich und wirft ihrer Tochter anschließend einige russische Wörter zu, ob sie ihr helfen könne, den Tisch zwischen die Betten zu platzieren, damit wir daran essen können. Sie fragt uns, nach den passenden Wörtern auf Deutsch suchend, was wir gerne trinken möchten und gibt uns eine Auswahl von Getränken vor. *„Babuschka hat gekauft"*, fügt sie hinzu und zeigt auf die Tür, durch welche die Großmutter mit mehreren Schüsseln herein schreitet. *„Das ist ihr wichtig"*, erklärt ihre Enkelin, *„Essen und Trinken ist für Großmutti immer wichtig"*. Babuschka nickt und nimmt Platz auf der Bettkante.

Ich bin wieder einmal beeindruckt und habe wie schon das letzte Mal den Eindruck, noch niemals zuvor soviel Gastfreundschaft erfahren zu haben. Anne flüstert mir indessen zu, dass sie lange nicht mehr an solch einem reich gedeckten Tisch gesessen hat. Ich stimme ihr zu, beiße in die Hackbällchen und bedanke mich gleichzeitig mit vollem Mund bei Babuschka, die mir in einer kleinen Tasse einen Zitronentee aufbrüht. Man fühlt sich in schöne Tage der Kindheit zurück versetzt und fragt sich zugleich wieso. Ist es deshalb, weil das Essen, eine gute und ehrliche Küche, an diejenige erinnert, die es nur bei Großmutter zuhause gab und uns in unserem hektischen Alltag abhanden kam? Oder ist es dieses Gefühl von Unbeschwertheit, von Zeitlosigkeit und Heiterkeit wie in Kindertagen? Das Grinsen meiner Kommilitonin verrät mir, dass sie ähnlich empfindet und die Situation gleich wahrnimmt.

Die aufgeweckte Djena fängt an, uns Fragen zu stellen. Danach wie es heute bei unserem Seminartreffen im Museum war, danach ob wir noch lange studieren müssten und auch nach dem konkreten Namen unseres Studienfaches. Ich beantworte ihre Fragen – noch immer mit vollem Munde, da Babuschka meinen Teller zum dritten Male bis zum Rand mit köstlicher Hausmannskost gefüllt hat. Spielerisch lerne ich neue Wörter auf Russisch, binnen kurzer Zeit kenne ich die Bedeutung einiger wichtiger Worte: „iss", „trink", „gut" und „danke". Ich formuliere diese Wörter laut und Djena korrigiert meine Aussprache und meine Betonung. Alle lachen und wir kommen zudem auf die verrückte Idee, uns gegenseitig „Zungenbrecher" beizubringen: „Fischers Fritz" und „Blaukraut bleibt Blaukraut". Babuschka lacht und freut sich über die ausgelassene Stimmung.

Mutter und Enkelin erzählen uns von ihrer Woche, den neusten Entdeckungen in ihrer neuen Umgebung und den Erkenntnissen der letzten Tage. Enkelin Djena berichtet von ihren Erfahrungen auf verschiedenen Ämtern, in Bussen und Bahnen und vom Leben im *Heim*, wie die Bewohner ganz allgemein das Durchgangsheim Marienfelde nennen.

Es klopft, die Mutter springt vom Tisch auf und tritt kurze Zeit später mit einer russischen Nachbarin durch die Zimmertür. Die Nachbarin begrüßt Anne und mich in gebrochenem Deutsch und setzt sich kurz dazu. Die Konversation zwischen ihr und unseren drei Damen setzt sich nun auf Russisch fort. Djena erklärt uns danach, ihr Mann wäre Deutscher, *„russländischer Deutscher“*, jedoch wäre die Nachbarin Russin und könne kein Deutsch. *„Ich bin mit nach Deutschland“*, erklärt uns diese und versichert sich nach jedem Wort bei Enkelin Djena, welche nahezu perfekt und akzentfrei die deutsche Sprache beherrscht. Babuschka klärt uns auf: *„Nachbarin geht einkaufen.“* Djena fügt hinzu: *„Sie fragt, ob wir etwas brauchen.“* Die Nachbarin lächelt uns freundlich an und sagt zu uns *„Bis bald“* und *„Auf Wiedersehen.“*

Die Teller und Schüsseln des Hauptgangs verschwinden, der Nachtisch steht auf dem Speiseplan. Er sieht so gut aus, dass man trotz der Sättigung nicht ablehnen kann. Kuchen, Früchte, Joghurt, Kekse – der Tisch ist wieder voll und bevor wir uns lange mit irgendwelchen Entscheidungen herum quälen, übernimmt Babuschka die Regie, indem sie unsere Teller mit Gebäck und Kuchen belädt. *„Du hast keine Wahl“*, lächelt mich Anne an. Babuschka strahlt uns an. *„Ihr seid gute Leute“*, sagt sie und bedankt sich bei uns. Wir geben die Komplimente zurück und betonen, dass wir zu danken hätten, für all das gute Essen und die Gastfreundschaft in ihrer Wohnung.

Unser Thema bei Tische verlagert sich nun in Richtung Russland und russische Kultur. Wir kommen auf die hiesige Währung zu sprechen und die Mutter verlässt den Tisch, um aus dem Schrank neben dem Bett eine kleine Kiste zu ziehen. Sie bringt sie an den Tisch, um uns einige russische Münzen und Scheine zu zeigen und die Beschriftung der Münzen zu erklären. Als sie diese zurück bringt, fallen ihr einige Sachen aus dem Schrank entgegen. Wir erkundigen uns, wie die ganzen Sachen hierher kamen. *„Mit dem Zug, mit uns zusammen“* erklärt die Enkelin. Mir wird auf einmal die ganze Spannbreite der Situation bewusst, was es bedeutet, von Novokuznesk (sechs Stunden östlich von Novosibirsk) mit dem Zug über mehrere Tage nach Deutschland anzureisen, eine Auswahl an einigen Dingen treffen zu müssen, welche man mitnimmt und auch, was es bedeutet, *auszusiedeln* und alles hinter sich zu lassen.

Die Mutter setzt sich wieder, Babuschka verteilt den restlichen Kuchen und die Enkelin zeigt uns einige Fotos von sich, beim Turnen und beim Trainieren. Auf ihnen wirkt Djena wie eine Zirkusakrobatin, weil sie ohne große Schwierigkeit ihren Kopf von hinten durch ihre Beine schieben kann. Ich stelle fest, wie schlank Djena ist, und Babuschka streicht über ihren Leib und sagt lachend, dass niemand einen so schönen Bauch hätte wie sie. Die Enkelin lacht und erklärt, sie gehe mit ihrer Mutter jeden Morgen um sechs Uhr im Gutspark Marienfelde joggen.

Der Nachtisch ist geschafft und die Zeit für unser vereinbartes Interview rückt heran. Wir haben uns zuvor für ein Interview mit einem Diktiergerät entschieden, um unsere Gesprächspartner mit einer Filmkamera nicht zu verunsichern und um sie nicht zu überfahren. Wir testen alle gemeinsam die Qualität und die Funktionen des Gerätes und nehmen es dann mit nickendem Einverständnis in Betrieb.

Das Interview: eine Familie berichtet aus ihrem Leben

„Russland ist sowieso ein korruptes Land." (Djena)

Unsere ersten Fragen richten sich nach der Motivation der Aussiedlung und auch nach der inneren Überzeugung, diesen Schritt zu vollziehen. Wir sprechen in die Runde, sodass jede unserer Damen die Möglichkeit hat, sich zu äußern und sich einzubringen. Als erste spricht die Mutter: *„Großmutti hat die ganze Zeit geträumt, nach Deutschland zu kommen... ihr ganzes Leben, nach Deutschland zu gehen."* Ich frage nochmals nach, da mir Babuschkas Einspruch und die Blicke von Enkelin Djena verraten, dass sich weitaus mehr hinter dem Wunsch der Übersiedlung verbirgt.

Mutter: *„Warum? Viele Gründe. In Russland, einerseits gibt es viele Möglichkeiten für die persönliche Entwicklung, und andererseits kann man nicht wirklich Karriere machen. Und was noch... Ich kann nicht sagen, dass wir so wenig Geld in Russland hatten, aber eben nicht so viele Möglichkeiten, für hoch gebildete Menschen. Es geht nur noch um Geld in Russland. In der sowjetischen Zeit konnte man überhaupt nichts machen. Wir bekamen einen sehr kleinen Lohn und alles, aber jetzt gibt es viele Möglichkeiten für Businessmänner, besonders Öl, Gas. In Russland gibt es jetzt viele superreiche Männer aber auch sehr Arme. Dieser Unterschied ist sehr groß, weil das große Problem in Russland ist, jetzt steht die Aufgabe vor unserer Regierung."*

Sie spricht von einer großen Kluft zwischen Arm und Reich und wird plötzlich ernst. Sie konzentriert sich darauf, was sie sagt und wie sie es genau sprachlich formuliert. Sie schaut sich dabei immer wieder zu ihrer Tochter um, ob sie alles richtig ausspricht, meistert ihre Formulierungen jedoch schließlich selbst. Vor dem Hintergrund der derzeitigen Umstände in der Russischen Föderation wird deutlich, dass sie mit *„persönlicher Entwicklung"* sowohl die beruflichen Chancen als auch die persönliche Freiheit meint.

In einem Wechselspiel von sich gegenseitig ergänzenden Aussagen beschreiben Mutter und Enkelin das Leben, den Alltag und die Wirtschaft in Russland. Sie sprechen von den geringen Verdienstmöglichkeiten für Ärzte, Lehrer und Ingenieure und betonen erneut die Dominanz der gefürchteten Businessmänner.

In weiteren Aussagen beschreibt die Enkelin ein zweites, heikles und zugleich bedrückendes Thema in Russland, den Bereich der Korruption und der Bestechlichkeit der Beamten und des Staats- sowie Polizeiapparates.

Mutter: *„Das ist nicht alles. Was ist das in Russland: Lehrerin? In Russland, der Lohn der Lehrerin beträgt ungefähr in Euro..."*

Enkelin: *„Ungefähr drei-, vierhundert Euro."*

Mutter: *„Und Ärzte und Ingenieure bekommen das Gleiche. Vielleicht ein bisschen mehr. Nur Businessmänner verdienen gut."*

Enkelin: *„Aber um dieses Business zu bekommen, muss man ganz viel dafür machen. Ich habe selbst gesehen. [...] Man muss oftmals einen Antrag unterschreiben und weiß nicht für was. Und mein Vater wollte das nicht so einfach machen. Aber dafür ist die Polizei ziemlich oft zu ihm gekommen und hat gesagt: ‚Aha, du hast keinen dieser Verträge, das heißt, du musst uns was bezahlen dafür. Oder du machst diesen Vertrag...' Korruption. Das ist Korruption. Globale Korruption. Russland ist sowieso ein korruptes Land. Wenn du keine Kontakte hast, keine Bekannten, keine Freunde, hast du verloren."*

Die Gründe für eine Aussiedlung aus der Russischen Föderation waren also vielfältig und unterschiedlich. Bei der ältesten unserer drei Damen war der Wunsch auszusiedeln eine Art Lebenstraum. Nach Deutschland zu gehen wurde von Babuchka als eine Art Ziel angesehen, das es zu verfolgen galt. Bei ihrer Tochter und ihrer Enkelin standen wirtschaftliche und berufliche Gesichtspunkte im Vordergrund. Angesprochen wurden aber auch die gegenwärtige politische Situation und Unsicherheit des alltäglichen Lebens.

„Die Idee gehört mir!!!" (Mutter)

Uns interessiert, seit wann der Wunsch bestand und wie die Möglichkeit erkannt wurde, aufgrund der Abstammung auszusiedeln. Babuschkas Antwort fällt knapp aus: *„2000."* Ich verstehe nicht genau und hake nach, ob und warum seit dem Jahr 2000 ein Ausreisewunsch besteht. Djena erklärt: *„Schon 18 Jahre, seit ich 2 Jahre alt bin, ist die Idee gekommen und wir haben im Jahre 2000 die Papiere nach Deutschland geschickt"*. Anne und ich schauen uns verblüfft an und realisieren, dass dieser Wunsch das ganze Leben der zwanzigjährigen Djena bestimmt und durchzieht. Die Mutter schaut uns lachend an und verkündet stolz: *„Die Idee gehört mir!!!“* Daraufhin fragen wir nach dem genauen Weg und dem Prozess der Übersiedlung. Wir wollen wissen, wie und wo man die Aussiedlung beantragt und wie lange man auf einen Bescheid warten muss.

Mutter: *„Wir haben geschrieben und wir haben eine Einladung bekommen. Man muss nach Novosibirsk, zum deutschen Konsulat. Früher war das einfacher. Man konnte eine Reise buchen, ein Hotel bestellen. Wir haben uns in Novosibirsk ein Visum gemacht. Mit dem Flugzeug nach Moskau und dann mit dem Bus nach Köln. Dann sind wir in Köln auf ein Amt [Bundesverwaltungsgericht in Köln] und haben den Antrag abgegeben. Seitdem haben wir 8 Jahre auf Nachricht gewartet. Wir haben angerufen, sie sagten immer, er wird bearbeitet.“*

Wir erkundigen uns über den genauen Ablauf der Aussiedlung nach der Ankunft in Deutschland. Unsere Absicht ist es, den Weg von Novokuznesk bis nach Berlin-Tempelhof nachzuvollziehen.

Enkelin: *„Als wir den Aussiedlerbescheid in Russland bekommen haben, haben wir Papiere bekommen, dass wir nach Friedland kommen müssen. In Friedland sind wir dann durch mehrere Stationen durchgelaufen, dann wurden wir gefragt, ob wir Verwandte in Deutschland haben. Wir haben uns wegen der Uni für Berlin entschieden und dann durften wir nach Berlin-Marienfelde ausreisen. In Friedland haben wir einen Laufzettel bekommen, was wir alles machen müssen, auf welches Amt wir gehen müssen. Das steht auf Deutsch und auf Russisch. In Berlin haben wir auch diesen Laufzettel bekommen. Im Hauptweg in Marienfelde*[3] *gibt es dann Menschen, die uns geholfen haben.“*

Faszinierend für uns war die Vorstellung, dass der Wunsch der Aussiedlung die gesamte Kindheit und Jugendzeit eines Menschen beschreibt und durchzieht. Von Kind an war für die Enkeltochter klar, dass die ganze Familie versuchen wird, nach Deutschland auszusiedeln und ihre *Heimat*[4] zurück zu lassen. Die Übersiedlung war lange geplant und veranlasste die Familie sogar, ihre Papiere bzw. Anträge persönlich in Köln einzureichen. Die weiteren acht Jahre waren geprägt von Ungewissheit und Hoffnung. Nachdem die Familie ihren Aussiedlerbescheid erhalten hatte, setzte sich schließlich das Verfahren in Gang, da man bis zu einem bestimmten Tag und innerhalb einer gewissen Frist in Friedland[5] vorstellig sein muss.

3 Gemeint ist ein Weg im Durchgangsheim Marienfelde, welcher zwischen einigen Wohnblocks verläuft.

4 Der komplexe Begriff der Heimat wird in diesem Kontext mit Herkunftsland synonym verwendet.

5 Das Aufnahmelager Friedland in Niedersachsen ist das Erstaufnahmelager für Spätaussiedler in Deutschland und untersteht dem Bundesverwaltungsgericht.

„Es ist viel einfacher in der Gruppe." (Djena)

Nach der Beschreibung der Anreise erkundigen wir uns nach dem Zusammenleben im Wohnheim. Inwiefern besteht ein gewisser Zusammenhalt zwischen den Bewohnern und stellt das Übergangswohnheim eine Hilfe und/oder eine Hürde der Integration dar?

Enkelin: *„Das Kennenlernen ist ganz einfach. Man sitzt draußen auf der Bank mit jemandem und dann kommt noch einer dazu... Alle helfen sich hier untereinander mit ihren Problemen, geben sich einander Ratschläge... Das ist sehr nett. Wenn man Kummer hat, kann man hier mit allen reden. Und am Abend, wenn wir alle Probleme besprechen, ist es plötzlich kein Problem mehr. Dann ist es wie ein Witz oder sowas. Und dann machen wir gemeinsam einen Schritt durch das Problem. Es ist viel einfacher, in der Gruppe. Viel Solidarität."*

Sie berichteten auch davon, welche Vorteile der Aufenthalt im Notaufnahmelager Marienfelde mit sich bringt und was aktiv für ihre Integration in die deutsche Gesellschaft getan wird.

Enkelin: *„Am Mittwoch hatten wir eine Lektion, einen Vortrag von der Polizei und die haben uns insgesamt von Gerichten erzählt... Die haben dann erzählt, was man darf und was man nicht darf. Auch wie lange kriegt man, wenn man das macht und wenn man das macht... Eigentlich ist das für uns alles wichtig. Hauptsache Information. [...] Sie haben auch erzählt, was du im Falle des Falles tun musst, wo man hin gehen muss, was man machen muss..."*

Wir fragen weiter, welche Institutionen und Behörden anwesend waren und was die Inhalte der Vorträge waren: *„Vom Krankenhaus und der Führerscheinstelle. Auch eine Frau der Drogenberatung und der AIDS-Beratung war da. Gesundheitsamt. Sie haben auch erzählt, dass in Deutschland sehr viele Leute rauchen und trinken. Sie haben Lösungen vorgeschlagen. Sie haben uns erklärt, was man zu seinen Kindern sagen soll, wenn diese damit in Berührung kommen. Auch Adressen gegeben."* (Enkelin)

Djena fasst es in ein paar Sätzen zusammen, wie ihre Eindrücke des Aufenthaltes im Durchgangsheim sind: *„Wenn ich jemand über das Lager erzählen werde, werde ich sagen, dass es gut war. Viele sagten, es war schrecklich, ich will meine eigene Wohnung haben... Wir finden es gut. Wenn die Atmosphäre stimmt, ist alles gut. Dann ist es egal, ob du ein oder zwei Betten hast. Die Atmosphäre ist toll."* Der Aufenthalt im Durchgangsheim Marienfelde wird von den drei Frauen keinesfalls als negativ empfunden. Die Bewohner zeichnen sich für sie durch Solidarität und einen großen Zusammenhalt aus, geben sich untereinander Hilfestellung und Ratschläge. Auch die Wohnungen werden als akzeptabel gewertet. Das Übergangswohnheim gibt den Bewohnern somit Sicherheit und eine Möglichkeit des Rückzugs und bereitet – gestützt von Informationsveranstaltungen – den Einstieg und den Übergang in die bundesdeutsche Gesellschaft vor. Nichtsdestotrotz wirft der Besuch der Polizei und die Aufklärung über Vergehen und entsprechende Haftstrafen Fragen auf. Bedenklich sind in diesem Zusammenhang vor allem die negativen Bilder und Assoziationen, die an die Gruppe der Spätaussiedler herangetragen werden, wenngleich es sich hierbei um Aufklärungs- und Präventionsarbeit handeln soll.

Aufgrund weiterer Gespräche mit Aussiedlern, welche zu diesem Zeitpunkt noch in Marienfelde lebten, ergibt sich jedoch ein sehr unterschiedliches Meinungsbild. Der Aufenthalt und der karge Lebensstandard werden von einigen auch als unangenehm beschrieben. Die Beschreibungen unserer Interviewpartnerinnen sind daher als subjektive und nicht zwangsläufig repräsentative Empfindungen zu verstehen.

„Ich habe gedacht, dass ich von Russland träume...“ (Mutter)

Besonders die Situation des Zurücklassens und des gleichzeitigen Neuanfangs stellt nicht nur eine emotionale Hürde an sich dar, sondern kann zudem auch zu einer Art Frustration und Antriebslosigkeit führen. In der *Heimat* gerade erst fort gegangen und im *Zuwanderungsland*[6] noch nicht ganz angekommen – diese Übergangssituation zwischen Vergangenheit und Zukunft, zwischen Ost und West versuchen wir über die Beschreibung der Situation in Russland und der Situation in Berlin herauszufiltern. Wir stellen gezielt Fragen nach den freundschaftlichen und familiären Bindungen und nach dem Heimatland als solchem.

Mutter: *„Oh nein, das ist nicht sehr schwer. Meine Verwandten... zu gehen gefällt mir gut. (lacht) Ich vermisse nichts. Ich sehne mich nicht nach Russland. Ich habe gedacht, wenn ich hierher komme, dass ich das sehr sehr vermissen werde, aber es passiert nicht. Ich weiß nicht warum. Ich habe meine Tochter darum gebeten, die Straßen, unser Haus zu fotografieren. Ich habe gedacht, dass ich davon träume...“* Auf Annes Einwurf, dass es viele Menschen gibt, die nach der Auswanderung behaupten, gerne zurück zu wollen, entgegnet uns die Mutter: *„Sie sagen, dass sie das Land vermissen... Aber sie sind allein nach Deutschland gekommen. Ich glaube, sie vermissen kein Land, sondern die Leute. Die Familie, die dort geblieben sind.“* Die Enkelin ergänzt: *„In Russland hat man gesagt, es ist immer dort gut, wo du bist. So*

6 Der Begriff Zuwanderungsland ist dem Mikrozensus 2005 entlehnt. Vgl. hierzu http://www.tagesschau.de/inland/meldung108502.html [Zugriff am 16.12.2008].

ungefähr. Wenn alle Verwandten hier wären und ein wenig Zeit vorbei geht, werden wir vielleicht das Land vermissen, das kann man nicht genau sagen.“

Ich wende mich an Babuschka und frage sie nach ihrer Wohnung, welche noch aufgelöst werden muss. Sie wohnte dort ihr halbes Leben: *„Ich verkaufe dann die Wohnung, das kann man machen. Auch die Möbel verkaufen wir und geben weg. Fotos und die wertvollen Sachen nehmen wir mit.“* Wir nicken uns zu und sind einerseits beeindruckt von der Entschlossenheit zu gehen und dem starren Blick nach vorne, fragen jedoch andererseits erneut nach den Befürchtungen und Ängsten in Bezug auf Deutschland: *„Nein, nicht wirklich. Insgesamt haben wir schon gewusst, was auf uns zu kommt. Ich hatte nicht besonders Angst. Ich war in Deutschland und wusste, was auf mich zukommt. Ich wusste, was auf mich wartet.“* (Enkelin) Und die Mutter meint: *„Es ist hier gar nicht schlimm und läuft gut. Sogar noch besser, als wir dachten. Viele Leute, die hier im Wohnheim waren, wollten schnell hier raus und eine Wohnung finden. Für uns ist das hier gar nicht so schlimm. Wir haben viele Freunde hier gefunden.“*

Ein entscheidender Punkt eines Neubeginns, ist die Aufnahme in die neue Gesellschaft. Erste Eindrücke und Wahrnehmungen können eine Motivation oftmals erhöhen oder aber niederwerfen: *„Ja, vieles ist hier anders. Die Deutschen sind auch sehr nett und freundlich. Wir haben noch keine schlechten Erfahrungen gemacht. Ich habe gute Erfahrungen, auch im medizinischen Bereich. Ich fühle mich wohl. In Russland sind die Leute verschlossen, hier sind die Leute offen, tolerant und man lebt frei. In Russland sprechen alle über Geld. Früher war das nicht so. In Deutschland ist das nicht so extrem und auffallend. Das haben wir bemerkt.“*

Enkelin: *„Eine schlechte Erfahrung, beim Arzt war sie wegen ihrem Fuß und der Arzt hat nicht wirklich geholfen und hat sie vier Stunden im Wartezimmer sitzen lassen. Er hat alle Deutsche vorgezogen. Dann hat er sie dran genommen. Aber insgesamt sind alle Leute in Deutschland gut. Ich habe neulich den Busfahrer gefragt, er hat mich so nett beraten. Danach an der Haltestelle kam ein Opa auf mich zu und hat mir geholfen. Er kam von selbst auf mich zu! Einmal hat mich sogar jemand bis fast zum Amt gebracht.“*

Der Abschied von Russland fiel allen drei Frauen nicht sonderlich schwer. Es sind vielmehr einige Menschen, die ihnen fehlen, weniger das Land oder der Ort der geographischen Herkunft. Man kann darüber spekulieren, ob diese Haltung von daher rührt, dass der Wunsch der Aussiedlung schon fast 20 Jahre besteht und somit jegliche emotionale Bindungen an das Land sukzessive verdrängt und ausgeschaltet wurden. Kern aller Aussagen unserer Interviewpartnerinnen ist jedoch die Tatsache, dass es von Bedeutung ist, seine wichtigsten Menschen – in diesem Fall die Familie – um sich zu haben und dass der Ort eine untergeordnete Rolle spielt. Die Erfahrungen der Familie mit „Deutschland“ waren und sind eher positiv. Die drei Frauen heben hervor, dass nach ihrer Einschätzung der Umgang mit Geld in Deutschland eher eine untergeordnete Rolle spielt – vielleicht ist das auch darauf zurück zu führen, dass der Kapitalismus hier zu Lande länger (zumindest im alten Bundesgebiet) verbreitet ist und keine plötzliche, neuartige und damit auffällige Erscheinung nach 80 Jahren Kommunismus ist.

„Hier wohnt ein großer Paragraph vier und zwei kleine Paragraph sieben.“ (Djena)

Ein Schwerpunkt unseres Interviews sind die individuellen Lebensgeschichten und Lebensbilder im Verlaufe dreier Generationen. Wir stellen jeder unserer Gesprächspartnerinnen gezielte Fragen nach ihrer Identität und nach ihrer Herkunft. Babuschka erzählt uns daraufhin einen Teil ihrer Lebensgeschichte: *„Ich bin 1939 geboren, in Saratov, im Saratov-Gebiet in Altweilimburg. [...] Und mit zwei Jahren kam ich nach Novokuznesk. Der Stalin hat uns 1941 nach Sibirien geschickt. Da war ich zwei Jahre. Meine Eltern haben aber auch danach mit mir Deutsch gesprochen. Als ich klein war, hatte ich es auch in der Schule gelernt. Aber als ich geheiratet habe, mein Mann war Russisch. Ich habe alles verlernt. Meine Eltern sind gestorben und ich habe mit meinem Mann nur Russisch gesprochen. Ich habe mit 22 Jahren geheiratet. Und seitdem ich 22 Jahre alt bin, spreche ich nur noch Russisch. Man durfte auch kein Deutsch in Russland auf der Straße sprechen. Es war verboten. Wir waren Deutsche. Faschisten! Faschisten haben sie uns gerufen. Faschisten! In den Gassen durfte man deshalb kein Deutsch sprechen, nur Russisch.“*

Wir erkundigten uns, wozu sie sich zugehörig fühle. Babuschka lacht: *„Deutsch-Russin. Ich fühle mich Deutsch und Russisch, beides. Ich habe zwei Herzen, Deutsch und Russisch. Jetzt bin ich in Deutschland, ist alles gut. Aber Russland ist meine Heimat. In Deutschland fühle ich mich aber gut. Alles gut! Mir gefällt's hier. Alles. Mir würde aber alles mehr gefallen, wenn mein Mann aus Russland kommen könnte. Dann wäre ich froh. [...] Er hat die Prüfung noch nicht gemacht... Er muss noch lernen... Er muss Deutsch sprechen, wenn er hierher kommt. Er muss die Prüfung ablegen in Russland. Und dann hierher kommen.“* Die Mutter hakt ein und beschreibt ein für sie grundlegendes Problem: *„Ich verstehe nicht ihren Dialekt und sie versteht nicht mein Deutsch. Ich fühle mich als Russin. Aber in Deutschland ist es besser, viel besser. Es gefällt mir viel besser. Ich fühle mich in meiner Gesundheit und in meinem Leben wohler. Es schadet mir ganz und gar nicht, dass ich nach Deutschland komme.“*

Da die Mutter und die Enkelin Djena nach den Paragraphen 7 beurteilt wurden, jedoch die russischen Ehegatten, also der Großvater und der Vater von Djena, nach Paragraph 8 eingeteilt wurden, müssen diese erst über ausreichende Deutschkenntnisse verfügen, bevor sie nach Deutschland nachkommen dürfen: „*Mein Mann und Großmutters Mann werden hierher kommen, dann wird alles gut werden. Ich bin fast sicher, dass sie kommen können.*" (Mutter)

Meine Kommilitonin Anne und ich fragen die Frauen, ob sie auch die sprachliche Hürde in Form eines Sprachkurses bewältigen mussten. Babuschka erzählt: „*Ja. Ich, sie und sie. Bei mir wurde nur getestet, ob ich Dialekt spreche. Ich musste aber auch schreiben und hören. Ich muss über den Dialekt zeigen, dass ich Wolgadeutsche bin. Wenn ich also keinen Dialekt spreche, bin ich keine Deutsche und kann nicht nach Deutschland fahren. Auch wenn ich durch die Geburtsurkunde Wolgadeutsche bin, muss ich Dialekt sprechen.*"

Djena lacht laut und beschreibt die Situation und die Einteilung mittels Paragraphen folgendermaßen: „*Die Großmutter ist so stolz auf ihren vierten Paragraph. Mit dem vierten Paragraph ist man echt Deutsche. Das ist super, wenn man den vierten Paragraphen hat. Dann gibt es noch den siebten Paragraph, das ist so naja, nicht ganz so gut. Und der achte Paragraph, das sind dann richtige Ausländer, Russen!*"

Babuschka erläutert uns die Situation: „*Vierter Paragraph ist Volksdeutsch. Wolgadeutsch oder muttersprachlich. Siebter Paragraph ist Familie, also Halb-Deutsch. Und Paragraph acht ist nur russisch!*" Nun schaltet sich die Mutter ein und bemerkt scherzhaft: „*Großmutti ist sehr stolz auf ihren Paragraph. (lacht) Jeden Tag sagt sie, dass sie den vierten Paragraph hat und wir nur den Paragraph sieben.*"

Die starre Einteilung in Paragraphen, aber auch die häufigen Abweichungen von Sprachkompetenz und Ethnizität kommt in den folgenden Aussagen sehr klar zum Vorschein: „*Aber das ist so komisch, alle Leute die hier im Wohnheim wohnen, die den vierten Paragraph haben, die sind schon alt... Aber sie haben gar nichts gemacht, keine Papiere geschrieben, gar nichts. Und alles, die Papiere und die Ämter haben die Leute mit dem siebten oder achten Paragraphen gemacht. Die Arbeit haben die Jungen mit dem achten Paragraph. (lachen) Aber die alten sind so stolz auf ihren vierten Paragraph! Sie sitzen den ganzen Tag auf der Bank aber sie, sie sind vierter Paragraph. Die mit dem siebten Paragraph, die sind immer irgendwohin gelaufen, haben alle Ämter besucht, haben etwas geschrieben, haben alle Anträge ausgefüllt. Alles haben diese Leute mit Paragraph sieben oder acht gemacht... Und sie sagen, wir sind so stolz, wir sind der vierte Paragraph. Aber: Ohne uns wären sie niemals nach Deutschland gekommen! Das passiert hier jeden Tag. Wir machen uns einen Spaß daraus und kleben auf den Rücken von jedem Paragraph vier oder wir ‚schreiben' an die Tür: ‚Hier wohnt ein großer Paragraph vier und zwei kleine Paragraph sieben.'*" (Enkelin) Die Mutter fügt hinzu: „*Diejenigen, die hier arbeiten müssen, sind Paragraph sieben oder acht. Paragraph vier bekommen alle Rente. Die, die arbeiten müssen, Sprache, Freunde, Kontakte, das ist Paragraph sieben und acht.*"

Ein kleiner, den Ursprung der Paragraphen erklärender Exkurs: Nicht alle Menschen deutscher Nation oder Volkszugehörigkeit lebten innerhalb der Grenzen des Deutschen Reiches (Gebietsstand 31.07.1937), sondern in den angrenzenden Staaten oder aber auch in „traditionellen“ Siedlungsgebieten und Siedlungsinseln in Ost- und Südosteuropa. Zu nennen wären vor allem die Sudetendeutschen, die Siebenbürger Sachsen, die Donauschwaben aber auch die vielen deutschen Sprachinseln in Russland. Das Russlanddeutschtum umfasste u.a. die Wolgadeutschen, die Schwarzmeerdeutschen, die Bessarabiendeutschen, die Wolhyniendeutschen etc. Das Bundesvertriebenen- und Flüchtlingsgesetz (BVFG) ergänzt in § 6 den im Grundgesetz nachzulesenden Paragraph 116 um diese entscheidende Definition der deutschen Volkszugehörigkeit wie folgt: „Deutscher Volkszugehöriger im Sinne des Gesetzes ist, wer sich in seiner Heimat zum deutschen Volkstum bekannt hat, sofern dieses Bekenntnis durch bestimmte Merkmale wie Abstammung, Sprache, Erziehung, Kultur, bestätigt wird.“ 1993 wurde diese Definition um folgende Einschränkung erweitert: „wenn sie von deutschen Staats- und Volkszugehörigen abstammen, ihnen ihre Eltern die Deutsche Sprache und Kultur vermittelt haben und sie sich nach Abschluss der allgemeinen Vertreibung zur deutschen Volksgruppe zugehörig erklärt haben.“

Das BVFG unterteilt die Aussiedler gemäß der einzelnen Paragraphen, welche die genaue Abstammung und auch die Ansprüche auf Übersiedlung ins Bundesgebiet festschreiben. Nach Paragraph 4 werden alle Personen, direkter deutscher Volkszugehörigkeit („Volksdeutsche“) erfasst. Der Paragraph 7 bezeichnet einen Abkömmling des so genannten deutschen Volkszugehörigen. Dieser Paragraph kann somit auf die Kinder der in Paragraph 4 beschriebenen Personen angewendet werden. Der Paragraph 8 hingegen klassifiziert Menschen nicht-deutscher Volkszugehörigkeit – also auch Ehegatten. Dieser Paragraph ist somit gleichbedeutend mit dem allgemeinen Ausländerrecht.

Unser Interview zeigt sehr deutlich innerhalb von drei Generationen das Verständnis von Volkszugehörigkeit und Ethnizität und zeichnet ein Bild, das auf viele Fälle von Spätaussiedlern aus der ehemaligen Sowjetunion angewendet wird. Die zugeschriebenen Identitäten innerhalb einer Familie und einer direkten Generationenabfolge variieren von Wolgadeutsch bis hin zu Russisch und auch die Zugehörigkeiten zu einer gewissen Volksgruppe differieren sehr stark.

Gleichzeitig werfen diese Einteilungen durch starre Paragraphen viele Fragen und Unstimmigkeiten auf. Auffallend hierbei ist, dass eine ethnische Identität und Zugehörigkeit nicht zwangsläufig einhergeht mit Sprachkompetenz. Oftmals kommt es vor, dass die Menschen, welche nach Paragraph 7 und 8 klassifiziert und kategorisiert werden und nach dem Gesetz als Ausländer gelten, über weitaus aktivere und bessere Sprachkenntnisse – vor allem in der deutschen Hochsprache – verfügen. Auch ist ihr Wille zur Anpassung, zur Integration[7] und auch zur Kommunikationsbereitschaft weitaus größer, da sie von weniger Bildern von Volkszugehörigkeit und Deutschtum geprägt sind. Letztlich sind dies die Menschen, welche der aktiven, arbeitenden Bevölkerung des Zuwanderungslandes angehören und sich mit dem System, den Behörden und der Gesellschaft (zwangsläufig) auseinander setzen und vertraut machen. Zudem stellt sich die Frage, inwiefern die *„echten Deutschen"* an längst vergangenen Zuschreibungen und Bildern festhalten und sich am Ende mit völlig neuen und unerwarteten Strukturen des heutigen Deutschlands und der bundesdeutschen Gesellschaft konfrontiert sehen.

Vom Esstisch zum Dorfanger

Nach ca. eineinhalb Stunden lassen wir das Interview mit diesen neuen Erkenntnissen enden. Laut lachend diskutieren wir noch im Anschluss über den Sinn einer Einteilung in Paragraphen und über das Verständnis von nationaler Identität. Babuschka hat sichtlich Spaß daran und fragt noch einmal, ob wir zufrieden mit dem Interview sind. Djena springt vom Bett auf: *„Hättet ihr Lust, ein bisschen Spazieren zu gehen? Es gibt einen wunderbaren Wald mit Bäumen, nicht weit von hier."* Ich hake mich bei Babuschka ein und frage sie, ob sie mit uns kommen möchte. Sie ist anfangs nicht ganz entschlossen, sagt uns, dass sie die jungen Leute nicht stören möchte. Als wir ihr sagen, sie wäre ja auch noch jung, fängt sie an zu strahlen. Wir verlassen das *Heim* in Richtung Alt-Marienfelde. Vorbei an Vorgärten mit hübschen Gartenzwergen und hohen Zäunen, schließlich erreichen wir den Gutspark und den alten Dorfanger Marienfeldes und bestaunen die älteste Feldsteinkirche Berlins. Djena zeigt auf die anliegenden Angerhäuser und ruft: *„Ist das nicht schön?"* Ihre Mutter verweist uns auf ein prachtvolles Gebäude gegenüber mit den Worten *„Schauen Sie!"* Ich beginne zu lächeln. Eine Zufriedenheit breitet sich in mir aus, und ich freue mich, so erfrischende und lebensfrohe Menschen kennengelernt zu haben.

7 Integration meint in diesem Zusammenhang eine Neu-Sozialisation und den Erwerb von neuen Kenntnissen, Anschauungen und Fähigkeiten.

Für Interessierte: Weiterführendes

Dietz, Barbara/Hilkes, Peter (1992): Russlanddeutsche. Unbekannte im Osten. Geschichte, Situation, Zukunftsperspektiven. München.

Ingenhorst, Heinz (1997): Die Russlanddeutschen. Aussiedler zwischen Tradition und Moderne. Frankfurt.

Ipsen-Peitzmeier, Sabine/Kaiser, Markus (Hg.) (2006): Zuhause fremd. Russlanddeutsche zwischen Russland und Deutschland. Bielefeld.

Klötzel, Lydia (1997): Die Russlanddeutschen zwischen Autonomie und Auswanderung. Die Geschicke einer nationalen Minderheit vor dem Hintergrund des wechselhaften deutsch-sowjetischen/russischen Verhältnis. Hamburg.

Roesler, Karsten (2003): Russlanddeutsche Identitäten zwischen Herkunft und Ankunft. Eine Studie zur Förderungs- und Integrationspolitik des Bundes. Frankfurt.

Vetter, Andrea (2007): Heimat Familie. Identitätsrepräsentationen dreier Generationen einer russlanddeutschen Familie. In: Färber, Alexa/Schneider, Franka (Hg.) : Laboratorium. Studentische Arbeiten aus dem Institut für Europäische Ethnologie. Berliner Blätter. Ethnografische und ethnologische Beiträge. Heft 44, Münster, S. 27-45.

http://www.tagesschau.de/inland/meldung108502.html [16.12.2008].

Fotografischer Einblick

Wohnen auf Zeit im Durchgangsheim Marienfelde

Bild 1: Eingang zu einer der Wohnungen für Spätaussiedler_innen an der Marienfelder Allee.

Bild 2: Mit kleinen persönlichen Utensilien eignen sich die Bewohner_innen die Wohnungen vorübergehend an. Scheinbar banale Gegenstände gewinnen in den gleich möblierten Räumen an Bedeutung.

Bild 3: Ein Spanplatten-Schrank wird zur Pinnwand für diverse russische Ikonen.

Bild 4: Der Schlaf- und Wohnraum ist gleichzeitig auch das Kinderzimmer. Der Koffer unter dem Tisch lässt auch hier den provisorischen Charakter des Wohnens sichtbar werden.

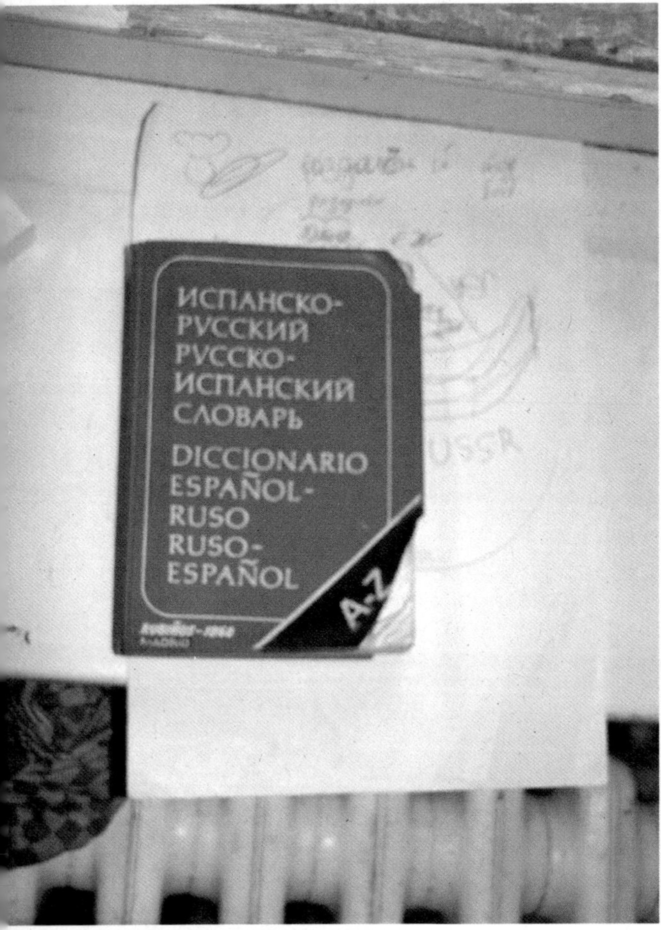

Bild 5: Ein Wörterbuch auf dem Fensterbrett: Eine neue Sprache wird im Selbststudium gelernt.

Regina Knoll

„Ein normaler Mann sollte natürlich mithelfen"

Eine Gegenüberstellung von „russischen" und „deutschen" Geschlechterkonstruktionen bei Spätaussiedlerinnen

Maja[1]: *„Und als sie [länger in Deutschland lebende Aussiedler_innen] dorthin nach Russland kamen, hat man denen schon angesehen, dass sie andere Menschen geworden sind."*

Emma: *„Ihre Augen glühten. Aber die unseren glühen nicht - alle sind so gehetzt: ‚Wie nur, wie nur überleben?'"*

Glühend sind beim Erzählen auch die Augen von Maja und Emma – vor Lebensfreude und vor Wut, die mit der ganzen Erinnerung wieder hochkommt. Sprudelnd und hastig strömen die Worte nur so aus ihren Mündern, so dass sie sich teilweise gegenseitig unterbrechen.

„Nie ein Interview mit zwei Menschen zugleich führen", rast es mir durch den Kopf, als sich beide auch nach meiner Bitte um Einzelgespräche zusammen in einem Zimmer positionieren. Doch nur Maja ist auf dem Bildschirm der kleinen Kamera zu sehen – auf einem Einzel-Bett sitzend im Übergangswohnheim für Aussiedler_innen in Marienfelde, das mich auf der einen Seite wegen seiner Abriegelung an einen Sicherheitstrakt, auf der anderen wegen der Zimmereinrichtung an ein Studentenwohnheim und dann doch wieder an meine eigene Situation in den verschiedenen Heimen erinnert, in denen ich war, als wir nach Deutschland kamen und Aussiedler_innen wurden. Und als der letzte Satz über Majas Lippen kommt, ich den „Aus-Knopf" an der Kamera betätige und das Interview somit offiziell beendet ist und wir noch bei Tee und Süßigkeiten in

1 Um die Identität meiner Interviewpartnerinnen zu schützen, fand eine Anonymisierung der Namen statt.

der Küche sitzen, bestätigt sich das Gefühl noch mehr. Ich frage mich, ob das, was sie sagten, auch das war, was ich hören wollte. Denn ich erfuhr so viel über die jetzigen politischen Missstände in Russland, über die Scheußlichkeiten der Armee und die alltägliche wirtschaftliche Ungewissheit. Doch die eigentlichen Antworten auf meine Fragen nach den sich verändernden Geschlechterrollen in Russland und Deutschland musste ich eher zwischen den Zeilen herauslesen. Weil es vielleicht noch zu früh ist – weil sich der Kampf um die Existenz zwar schon äußerlich gelegt hat, jedoch innerlich noch weitergeht und es noch nicht möglich ist, Unterschiede zu sehen und Antworten auf die Fragen zu geben, die ich stelle. In so einem Zustand, so scheint es mir, wird die Frage der eigenen Geschlechterwahrnehmung zunächst zurückgestellt. Im alltäglichen Leben haben demnach vielleicht andere Kategorien Vorrang. Wenn es darum geht, in der ersten Zeit nach der Ankunft finanzielle Hilfe in Anspruch zu nehmen, den eigenen politischen Status anerkannt zu bekommen und gesellschaftliche Bestätigung durch das Lernen der deutschen Sprache anzustreben, wird der eigene Fokus möglicherweise eher auf das Aussiedler_innen-Dasein als auf das Geschlecht gelenkt. So wurde meine Frage, wie sie sich in ihrer Rolle als Frau in der Gesellschaft sehen, meistens auf das private und nicht das öffentliche Leben bezogen. Vielen war bislang nicht bewusst, dass sie auch außerhalb der eigenen Partnerschaft und des Arbeitslebens eine Rolle als Frau auszufüllen haben.

Halb die „Ihre", halb die „Andere" – Herantasten an das Forschungsfeld

Aber dieses Thema der sich verändernden Geschlechterrollen hatte ich im Sinn, als ich anfing, mir Interviewpartner_innen auszuwählen. Ich wollte mit Aussiedler_innen reden, die gerade hier angekommen sind. Denn vielleicht – so meine Annahme – nehmen sie die Unterschiede im Gegensatz zu Anderen, die hier schon länger leben, weniger oder gar nicht wahr. Vielleicht sind die Erinnerungen an die Lebensumstände vor der Ausreise noch so frisch, dass neue Eindrücke momentan noch wenig Platz finden.

Insgesamt führte ich drei qualitative Interviews auf Russisch mit vier Aussiedlerinnen, die ich auf Kamera aufnahm, anschließend transkribierte und vom Russischen ins Deutsche übersetzte.

Zwei meiner Interviewpartnerinnen, Maja und Emma, lernte ich bei einer kleinen Feier, die von Studierenden unseres Projekttutoriums organisiert wurde, kennen. Beide sind Mitte fünfzig, aus Novosibirsk, wohnen seit zwei Monaten in Marienfelde und sind gerade dabei, sich eine Wohnung in Berlin zu suchen. Ich ging zu Sprachkursen für Aussiedler_innen und bekam die Telefonnummer von Marina – auch gleichen Alters wie Maja und Emma, jedoch aus Tomsk und seit 2006 in Deutschland. Und schließlich kam ich über einen E-Mail-Kontakt an Lenas Telefonnummer, die die Jüngste der Befragten war – 33 Jahre, aus Petegorsk und seit fast vier Jahren in Deutschland. Bei allen war ich zu Hause, mit allen trank ich Tee oder Kaffee nach den Interviews und erfuhr so, als die Kamera ausgeschaltet war und ich meinen Fragezettel bei Seite legte, viel mehr, als ich es mir vorher hätte vorstellen können. Denn ich sah mich als eine in die Privatsphäre von Menschen eindringende Außenstehende an. Ich wurde von meinen Gastgeberinnen jedoch nicht als fremd angesehen, sondern als eine vertraute Person. Nicht als Forscherin, sondern als eine Art Verbündete, die sich jedoch gewandelt hat im Laufe ihres Aufenthaltes in Deutschland. Durch ihre recht persönlichen und neugierigen Kommentare und Fragen merkte ich, dass ich ihnen wie eine schwebende Person vorkommen musste – halb die „Ihre", halb die „Andere", die Wissen über die Situation hat, in der sie sich aktuell selber befinden und von der sie Wissen übernehmen könnten. Vielleicht beruhte ihre freundschaftliche Art aber auch auf der – wie es von Marina und Lena zugleich angemerkt wurde – „russischen Mentalität", der eine Offenheit Unbekannten gegenüber innewohne und die sie so leichter über ihre eigene Geschlechterperformanz[2] sprechen ließ, als ich es zum Beispiel vor Fremden getan hätte. Doch gerade diese Offenheit hat sich als positiv für meine Forschung erwiesen, denn genau das wollte ich wissen: Wie die Befragten mit den ihnen im Alltag begegnenden veränderten Geschlechterkonstruktionen zurecht kommen, ob es überhaupt Konstrukte für sie sind und ob sich diese so sehr zwischen dem Herkunftsort und Deutschland, dem Land, in dem sie jetzt leben, unterscheiden. Außerdem wollte ich sehen, wie sie den Wechsel wahrnehmen, den „point of change" (Lenz 1994: 64), und wie sie mit Anpassungen und neuen Gedanken umgehen. Ich hätte sie gerne über die sich immer wieder reproduzierende Zweigeschlechtlichkeit gefragt und erfahren, wo und ob sie sich auf der heteronormativen Matrix[3] verorten. Doch das wäre ein neues Themenfeld, das ich hätte aufmachen müssen, bestimmte Theorien,

2 Ein Begriff, der von der Philosophin Judith Butler geprägt wurde. Er geht auf den Gedanken zurück, dass durch Zeichen und Sprechakte Identitäten als weiblich oder männlich markiert werden. Hier sind mehr die alltäglichen sozialen Konstruktionen gemeint. Menschen haben ihr Geschlecht nicht einfach von „Natur" aus, sondern orientieren sich bei dem täglichen Ausüben ihrer Rolle am Wissen darüber, wie „männliches" oder „weibliches" Verhalten zu sein hat (vgl. West/Zimmerman 1987: 125-151).

3 Heteronormativität beschreibt ein binäres (zweiteiliges) Geschlechtersystem, das lediglich zwei Geschlechter akzeptiert, die sich konträr gegenüberstehen. Das Geschlecht wird dabei gleichzeitig mit Geschlechteridentität, Geschlechterrolle und sexueller Orientierung gleichgesetzt (vgl. Butler 1997).

die ich erstmals hätte darstellen müssen – Monologe haltend, anstelle den Befragten zuzuhören. Die sich daraus ergebende Beschränkung der Themenfelder nahm ich hin, mit der Erwartung, viel mehr etwas über das weibliche Arbeitsvermögen oder den Mythos der „Sowjetfrau" zu erfahren. So bezog ich meine Fragen auch mehr auf das wirtschaftliche, öffentliche Arbeitsleben und auf das private, von der Gesellschaft abgeschirmte Leben zu Hause und wollte mehr über die Rollen von Frauen und Männern darin erfahren.

Mythos der geschlechtslosen „Sowjetfrau"

Die Geschlechterrollen standen durch die Arbeitspolitik der Sowjetunion und dem daraus resultierenden Zuwachs an Arbeitsstellen für Frauen im großen Gegensatz zu denen Westdeutschlands. Denn während in den westlichen Ländern das Modell des männlichen Einzelernährers dafür sorgte, dass die Erwerbsbeteiligung der Frauen nach dem Zweiten Weltkrieg sank, hatte dieses Konzept in der Sowjetunion auf Grund der Ausweitung des Industrialisierungsprozesses und des daraus folgenden Mangels an männlicher Arbeitskraft keine Überlebenschance. Der Mann verdiente schlicht zu wenig, um als Einziger die Familie versorgen zu können (vgl. Westphal 1997: 82). Das Ergebnis war eine doppelte Belastung für die Frau. Beim Eintritt in eine Beziehung oder bei der Geburt des Kindes musste sie sowohl arbeiten als auch den Haushalt führen, da der Mann meist nicht mithalf.

Die Möglichkeit der Halbtagsarbeit, die in Westdeutschland Frauen die Aussicht auf Selbstständigkeit gab und die Folgen der doppelten Belastung minderte, war in der Sowjetunion nicht gegeben, da es unrealistisch war, mit diesem Einkommen über die Runden zu kommen. So wie es Lena ausdrückt, musste die russische Frau demnach: „ [...] *ein Packesel sein. Auf ihr ruhten alle Verpflichtungen zu Hause, der Garten, wenn es einen gab – irgendwo in einer Kolchose – Männer haben häufig geholfen, aber immer... Nun die Frau war wie ein Packesel – alles im Haushalt hat die Frau alleine getan – das nimmt alles viel Zeit ein und dazu musste die Frau auch noch arbeiten, damit sie sich ihr Leben irgendwie absichern konnte und das Leben ihrer Kinder* [...]."

Was hier benannt wird, erinnert mich an die Beschreibung des Mythos um die „Sowjetfrau". Erschaffen in der Sowjetunion hatte er die Aufgabe, die Wirtschaft mit Hilfe von weiblicher Arbeitskraft anzukurbeln. Demnach war die Frau ein „Freund" des Mannes, indem sie an seiner Seite den Alltag im wissenschaftlichen, sportlichen, sozialen und militärischen Bereich meisterte: Sie war stark, energiegeladen, unerschöpflich und geschlechtslos. Tatsächlich blendete dieser Mythos den täglichen Balanceakt zwischen Familie und Arbeit aus und verlangte, dass die Frau sowohl in der stark traditionell behafteten Reproduktionsrolle als Hausfrau und Mutter als auch in der hierarchisch-patriarchal geführten Arbeitswelt funktionierte, die klar zwischen männlich und weiblich bestimmter Arbeit trennte (vgl. Becker-Schmidt 1987).

Dennoch war das Gehalt in ein und demselben Bereich für beide Geschlechter gleich und somit geschlechtsunabhängig. Unterschieden wurde dennoch nach typisch weiblichen und männlichen Sektoren, wie der folgende Interviewausschnitt zeigt.

Maja: „*Wir haben auf der Tarifsebene gearbeitet – jeder hat seine tarifspezifische Bezahlung – das heißt, dass jeder Beruf seinen Tarif...*“

Emma: „*Das gilt für den Beruf nicht für die männliche Arbeit.*“

Maja: „*Das heißt, es hängt nicht von demjenigen ab, der dort arbeitet. Das ist nicht wichtig für die Arbeit – aber sicherlich, so eine Arbeit, wenn sie niedrig ist, wird von Männern nicht ausgeführt, wenn wir schon davon reden. Werkarbeit – das ist für Männer, weil das schwere physische Arbeit ist.*“

Nicht nur, dass die als weiblich eingestufte Arbeit von Männern nicht übernommen wurde, das Gehalt solcher Berufe erwies sich auch als niedriger. Die Konsequenz daraus war ein geringerer Verdienst der Frau, es sei denn, sie konnte sich in den typisch männlichen Berufen behaupten.

Lena: „*[...] natürlich hatte die Schreinerin mehr bekommen als die Köchin [...] und wenn dann doch eine Frau als zum Beispiel LKW-Fahrerin gearbeitet hat, dann gab es da keine Unterschiede – sie hat genauso viel bekommen wie ein Mann.*“

Trotz allem ist mir aus meinem persönlichen Umfeld jedoch bekannt, dass es vielen Frauen durch den wirtschaftlichen Aufschwung gelang, in den männlichen Sektor einzudringen und männlich konotierte Berufe wie Ingenieur_in, Taxifahrer_in, Ärzt_in, Maler_in, Schreiner_in auszuüben, häufiger als es in Westdeutschland der Fall war.

Verheerende Folgen der Gorbatschow-Politik

Die Politik Gorbatschows[4], die Perestroika, empfanden alle meine Interviewpartnerinnen als Belastung. Die Umstrukturierung des Landes wirkte

4 Michael Gorbatschow, ehemaliger Präsident der Sowjetunion, setzte sich Mitte der 80er Jahre des vorigen Jahrhunderts für eine Politik ein, die Glasnost und Perestroika hieß. Sie sollte gesellschaftliche, politische und wirtschaftliche Prozesse umgestalten und modernisieren. Der Umbau war als erster Schritt in Richtung Demokratie gedacht. Da sich das neue System weder als Plan- noch als Marktwirtschaft er-

sich verheerend auf viele Frauen aus, da sie die ersten waren, die entlassen wurden oder ungeschützte und befristete Jobs annehmen mussten. Das Gesetz zum Kündigungsschutz schränkte das Arbeitsleben von Schwangeren und Müttern stark ein (vgl. Westphal 1997: 82). Die Veränderung wurde geschlechtsspezifisch gesehen auf dem Rücken der meisten Frauen ausgetragen, wie es auch Emma beschreibt: *„Es hat sich zum Schlechteren geändert in der Hinsicht , dass die Frauen wie zu einer Art Panzer wurden und noch mehr Arbeit und Leistung auf sich geladen haben. Nur Frauen, gucken Sie sich doch im Heim um, nur Frauen – Männer gibt es hier gar nicht. Wo sind sie? Und sie [die Frauen] haben Familien hier rüber gebracht, brachten die Alten herüber, die Kinder – aber Männer gibt es nicht.“*

Worauf Emma anspielt, ist die rapide Verarmung von Menschen, die durch die Inflation bedingt fast über Nacht geschah. Dazu kam, wie mir meine Interviewpartnerinnen erzählten, ein riesiger psychischer Druck, resultierend aus Existenzangst und die Zunahme von Alkoholiker_innen, die meistens Männer waren. Es folgte eine erhöhte Sterberate von Männern und der Anstieg von allein erziehenden Müttern, die nun auf sich gestellt für ihre Kinder sorgen mussten, was sich noch bis zum heutigen Tage auswirkt. Doch diese Veränderung waren auch positiv – wenn auch äußerst schwer – für viele Frauen, die wie Lenas Mutter anfingen, auf dem Markt zu handeln. Sie bezogen Produkte aus der Türkei oder Polen oder stellten sie selbst her und verkauften diese schwarz oder legal weiter. Diese ruckartige Wiedergewinnung der eigenen Selbstständigkeit sorgte bei Frauen für mehr Selbstsicherheit.

Maja selbst wagte den Schritt auf den Markt nicht und blieb zeitweise unbezahlt bei ihrer Firma. Marina war weiterhin als Ärztin tätig. Lena sah es als eine Befreiung der Frau an und meinte, dass sie von ihrer Mutter gelernt habe auch alleine, ohne die Hilfe des Staates, gut leben zu können. Denn dieser habe an allen sozialen Leistungen gekürzt, einschließlich des Kindergelds[5]. So sei die Freude der Ankommenden groß über das Kindergeld, das in Deutschland ausgezahlt wird, verglichen mit den paar Rubeln in den GUS-Staaten.

wies, folgte eine Güterknappheit. Dieses und die Privatisierung von Firmen sorgte bei vielen für einen Arbeitsverlust und sich verschlechternde Lebensqualität (vgl. Held 1992: 132).

5 Dieses war schon zu Zeiten der Sowjetunion wenig und während der Perestroika Zeit kaum vorhanden. Heutzutage ist es immer noch gering und wird jeweils einem Elternteil ausgezahlt – meist immer noch der Frau.

Veränderung der Geschlechterkonstruktionen

Was geblieben ist, ist dass Frauen immer noch der traditionellen Geschlechterrolle folgen und die doppelte Belastung in Deutschland weiterführen. Dabei habe ich den Eindruck, dass nach einem längeren Aufenthalt in Deutschland, wie es bei Marina und Lena der Fall war, eine differenzierte Betrachtung der Geschlechterrollen in Russland und in Deutschland stattfindet. Dieses wird besonders am Beispiel der männlich konstruierten Rolle deutlich. Lena beschreibt sie so: *„Ein normaler Mann sollte natürlich idealerweise mithelfen. Meistens ist es so, wenn der Mann arbeitet und er nach Hause kommt, dann ist er müde, er ruht sich auf dem Sofa aus [...]. Soviel ich gesehen habe bei russischen Frauen liegt die ganze Hausarbeit und die Sorge für die Kinder bei der Frau, besonders wenn sie nicht arbeitet. Und der Mann kommt nach Hause, er nimmt die Zeitung in die Hand oder er guckt fern und er wartet, dass man sich auch weiterhin um ihn kümmert."*

Diese Unterscheidung wird Lena in Deutschland besonders bewusst, wenn sie Väter mit Kindern in ihrer Umgebung wahrnimmt: *„[...] wenn ich mir die Masse angucke, dann denke ich, dass hier in Deutschland das Vaterschaftsgefühl [...] weiter entwickelt ist als in Russland. Männer schenken ihren Kindern einfach mehr Aufmerksamkeit, sie positionieren sich ernsthafter zur Kindererziehung."*

Meine Frage, woran es liegen kann, dass so ein Unterschied zwischen den beiden Ländern besteht, beantworten sowohl Lena als auch Marina, indem sie eine „russische Mentalität" konstruieren. Marina meint: *„Das ist eben wahrscheinlich die russische Mentalität. Es herrschen... na wie soll ich es sagen... weibliche Aufgaben und männliche. Also der Mann sollte dann zum Beispiel nicht in der Küche stehen, sollte keine Wäsche waschen – er wird dann halt die Steckdose reparieren, in der Garage das Auto reparieren, er wird dich fahren, wohin du willst."* Lena fügt hinzu: *„Na, in Russland siehst du, wenn du hinschaust... geht nur die Mutter mit dem Kind oder Mutter mit Vater, aber dass man genauso regelmäßig wie hier einen Vater mit seinem Kind spazieren gehen sieht... Nein... dass ich auf einem Spielplatz einen Vater mit seinem Kind im Sandkasten spielen gesehen hätte, oder auf einer Rutsche rutschend... so was habe ich nie gesehen. Im besten Falle geht er in den Zoo, oder so..."*

Ich will wissen, was passieren würde, wenn Männer aus ihren Rollen ausbrechen würden, woraufhin Marina das folgende Beispiel bringt: *„Wenn es sich... sagen wir mal... na, Sie werden mich verstehen, wenn es sich um einen Aussätzigen handelt* [sie schnippt sich mit Daumen und Zeigefinger gegen die Seite des Halses – ein Symbol in Russland für Trinken, betrunken sein, Alkoholismus] *– wenn also seine Freunde ihn beim Wäschewaschen beobachten sollten – die würden ihn auslachen. Auch wenn er damit seiner Frau eine Freude bereiten kann, wird er es* *doch nicht offiziell, sondern in aller Stille tun, damit ihn ja nicht seine Freunde sehen.“* Lena fügt hinzu: *„Nun ich denke von Seiten seiner Freunde, wenn er also mehr Aufmerksamkeit seiner Familie, seiner Frau vor allem schenken würde, wenn er ihr im Haushalt helfen würde, ein Teil der Verantwortung auf sich nehmen würde, wenn er den Kindern besonders viel Aufmerksamkeit schenken würde, hier wäre es normal ... In Russland wäre es viel. Dann denke ich, dass man ihn einfach ein Weichei nennen würde. Das ist dort nicht üblich.“*

Dabei wurde von allen Interviewerpartnerinnen angemerkt, dass sich Geschlechterrollen gerade auch in den GUS-Staaten verändern, sie klassenabhängig und strukturell bedingt sind. Marina meint, die Strukturen wären überall, es wäre schwer, ihnen zu entkommen. Es hänge aber auch von der Beziehung zwischen Frau und Mann ab, wie sich eine Frau in der Beziehung durchsetzen könne oder nicht. Diesem stimmt Lena zu und bestätigt mit ihrer Aussage meine Annahme, dass die gesellschaftlich bedingte Unterdrückung und Benachteiligung der Frau immer noch von vielen als ein persönliches Problem gesehen wird. Aber die Lösung des Problems steckt für sie im Einzelnen und in dem jeweils privaten Rahmen einer Beziehung. Das wiederum erschwert das Durchbrechen von Geschlechterkonstruktionen, da das Problem als ein persönliches angesehen wird. Es wird nicht nach außen getragen, sondern ist von der Initiative der Frau oder dem „gütigen“ Zuvorkommen des Mannes abhängig. Mit Sicherheit spielen diese Faktoren eine Rolle, aber sie sind nicht ausreichend, um das patriarchale System, in dem beide sozialen Geschlechter stecken, zu verändern und gegen die hegemoniale Männlichkeit[6], die sich in allen Bereichen des Lebens widerspiegelt, vorzugehen. Damit lassen sich vielleicht auch die Kommentare meiner einzelnen Interviewpartnerinnen erklären. Beispielsweise, wenn Maja und Emma meinen, dass die Welt zwar von Frauen bestimmt wird, sie selbst jedoch noch an den höheren Positionen der Männer im Berufsleben scheitert. Marina stellt ein wenig verwundert fest, dass der Großteil der Oberärzte immer noch männlich ist. Und Lena hat sich bei der Geburt ihres zweiten Kindes bewusst dafür entschieden, zu Hause zu bleiben und zukünftig halbtags zu arbeiten. Sie weiß, dass ihr Ehemann die Aufgaben zu Hause gar nicht oder eben nicht so erledigen würde, wie sie, und daher eine doppelte Belastung für sie entstünde.

6 „jene Konfiguration geschlechtsbezogener Praxis [...], welche die momentan akzeptierte Antwort auf das Legitimitätsproblem des Patriarchats verkörpert und die Dominanz der Männer sowie die Unterordnung der Frauen gewährleistet (oder gewährleisten soll)“ (Dinges 2005: 8).

Zukunftsaussichten (?!), ja – aber wie

Meine kurze Darstellung der Protagonistinnen sollte sie nicht als Opfer stigmatisieren oder in einer schwächeren Position darstellen. Sie waren und sind stark und mussten stets viele Dinge alleine meistern. Doch sicherlich gibt es auch Männer in den GUS-Staaten, die dazu bereit waren, Aufgaben im Haushalt oder der Kinderversorgung zu übernehmen, jedoch vom Umfeld unter enormen Druck gesetzt wurden, dem sie sich nicht gewachsen fühlten. Anhand dieser Beschreibung wird ersichtlich, wie stark die Sozialisation und vorgegebene Struktur die sozialen Rollen aller Geschlechter bestimmt und wie verzwickt deren Dekonstruktion ist. In einer Gesellschaft, in der eine klare Hierarchisierung vorliegt, ist die Frau je nach Ethnie, Alter, Kinderanzahl, Bildung meist im unteren Bereich anzutreffen. Die Geschlechterrollen in den GUS-Staaten sind noch viel fixierter und ihre Unterschiede treten viel offener zu tage als in Deutschland. Dagegen existieren diese Rollen in Deutschland unterschwelliger und werden erst in der Auseinandersetzung mit ihnen bewusst. Ein Grund dafür ist die allgemein unreflektierte Annahme, dass Frauen und Männer auf Grund der Gleichstellung auf Gesetzesebene auch im Alltag gleichgestellt sind.

Was meine Protagonistinnen betrifft, so denke ich, verorten sich Marina und Lena schon wegen des längeren Aufenthaltes mehr in Deutschland als Emma und Maja. Ob sie sie ihre Geschlechterrollen weiterhin hinterfragen und am Ende vielleicht aktiv gegen diese vorgehen wollen, indem sie sich zum Beispiel anders zu Hause oder in der Gesellschaft darstellen, liegt sowohl am eigenen Erkenntnisprozess als auch an der stetigen Zunahme der Wandlung der Gesellschaft in Deutschland. Denn eine Wandlung findet statt, wie es mir Emma, Maja und auch Lena beschrieben haben. So bemerkten sie zum Beispiel in Deutschland eine deutliche Zunahme der eigenen Selbstsicherheit, auch durch die vermehrten Möglichkeiten der Bildungswege und der finanziellen Absicherung, die die Unabhängigkeit vom Mann auch bei einer Scheidung garantiert. Das alles sind Anzeichen dafür, das es den Protagonistinnen vielleicht möglich wäre, zukünftig einen größeren Freiraum und die erwünschte Selbstständigkeit für sich zu gewinnen. Diese war ihnen meiner Einschätzung nach durch die Umsiedlung abhanden gekommen, da sie sich einer veränderten Kultur und der Hürde einer manchmal fremd erscheinenden Sprache stellen mussten. Sie waren auf Hilfe von anderen angewiesen, was sie zum Teil auch heute noch sind. Beim Verlassen meiner Interviewpartnerinnen nach den Gesprächen frage ich mich, wie lange es noch dauern wird, bis sie die gewünschte Selbstständigkeit erlangt haben werden. Bis Maja und Emma eine Wohnung für sich gefunden haben, in der sie anfangen können, sich ihr vertrautes Umfeld aufzubauen. Bis Marina nicht mehr auf das deutsch-russische Wörterbuch angewiesen ist, das sie stets beim Lesen von Büchern zur Hand hat. Und wie lange es dauern wird, bis Lena ihre geplante Ausbildung anfangen kann und wie sie dann Beruf und Haushalt meistern wird.

Daran, dass sie es schaffen werden, habe ich keinerlei Zweifel. Die Frage ist wie. Mit wessen Hilfe und mit welchem Ergebnis. Und was sie daraus für sich mitnehmen können. Damit dann auch ihre Augen glühen – mit der Sicherheit das erreicht zu haben, was sie wollten.

Literatur

Becker-Schmidt, Regina (1987): Die doppelte Vergesellschaftung – die doppelte Unterdrückung. Besonderheiten der Frauenforschung in den Sozialwissenschaften. In: Unterkircher, Lilo/Wagner, Ina (Hg.): Die andere Hälfte der Gesellschaft. Österreichischer Soziologentag 1985. Soziologische Befunde zu geschlechtsspezifischen Formen der Lebensbewältigung. Wien, S. 23f.

Butler, Judith (1997): Körper von Gewicht. Frankfurt a. M.

Dinges, Martin (Hg.) (2005): Männer – Macht – Körper. Frankfurt a.M., S. 8.

Lenz, Ilse (1994): Wir wollen sein ein einig Volk von Brüdern. In: Tillner, Christiane (Hg.): Frauen – Rechtsextremismus, Rassismus, Gewalt. Feministische Beiträge. Münster, S. 64.

Held, Karl (1992): Das Lebenswerk des Michail Gorbatschow – Die Zerstörung der Sowjetunion (Von der Oktoberrevolution zur Perestroika). München, S. 132.

West, Candace/Zimmerman, Don H. (1987): Doing Gender. In: Gender & Society, 2/1, S. 125-151.

Westphal, Manuela (1997): Aussiedlerinnen – Beruf, Geschlecht, Bildung. Bielefeld, S. 82.

Lisa Breitkreutz

„Es ist halt – na – normal. Man sieht's halt und man hört es"[1]

Wahrnehmungen, Impressionen und Außenansichten rund um das ehemalige Notaufnahmelager Marienfelde

„Es hat hierher gehört."

Das ehemalige Notaufnahmelager Marienfelde im Süden Berlins. Umsäumt von Ein- und Mehrfamilienhäusern. Heute dient es als Übergangswohnheim für Spätaussiedler. Direkt an der Marienfelder Allee gelegen, steht es da, befremdlich, grau, scheinbar verschlossen. Vereinzelt gehen Menschen ein und aus. Doch was verbirgt sich hinter den Betonmauern? Ein kalter Bau, der an ein Gefängnis erinnert? Oder eine in sich geschlossene Siedlung, die sich nicht groß von anderen Wohnsiedlungen unterscheidet, außer dass ein Pförtner über Ein- und Ausgang wacht? Und was denken die Anwohner in der Umgebung? Haben sie die gleichen Assoziationen? Haben sie es selbst schon einmal von innen gesehen?

Die Marienfelder Allee ist eine vielbefahrene Straße. Kleine Läden reihen sich an ihr entlang, mit Blick auf das ehemalige Notaufnahmelager. Auffallend ist, dass es in unmittelbarer Umgebung des Wohnheims zwei Drogeriemärkte der gleichen Kette, zwei Apotheken und zwei russische Lebensmittelläden gibt. Und in genau diesen Läden versuche ich im Sommer 2008 Antworten auf meine Fragen zu bekommen. Unter den Befragten sind zwei Verkäuferinnen einer Drogeriekette, zwei Friseurinnen, eine Apothekerin sowie ein Besitzer eines russischen Lebensmittel- und Handyladens. Für diese Menschen ist das ehemalige Notaufnahmelager Marienfelde eine Institution, die schon immer da war, eine Einrichtung, die zu Marienfelde dazugehört. Trotz dieses Um-

1 Interview mit Mario geführt im Sommer 2008.

standes ist es den meisten egal, ob das Wohnheim geschlossen wird oder nicht. Auch sie haben mitbekommen, dass es immer weniger Menschen gibt, die dort aufgenommen werden. Größeres Interesse ruft die Frage hervor, was nun daraus werden wird.

Ich frage mich, warum es den Menschen egal ist, dass es geschlossen wird. Haben sie mit dem Durchgangsheimbewohnern schlechte Erfahrungen gemacht? Oder sind sie teilnahmslos, weil sie kaum Kontakt mit ihnen hatten? Eine Drogerieverkäuferin beschreibt ihre Erfahrungen mit dem Wohnheim, indem sie von den Schwierigkeiten erzählt, die der Laden mit den Bewohnern hatte: *„Als es noch richtig besetzt war, war es ganz schön hart hier für den Laden, weil sie wirklich in Trauben hier reingekommen sind, sie haben eingesteckt ohne Ende."*

Die bevorstehende Schließung des Wohnheims zum Ende des Jahres 2008 scheint Erleichterung bei den Verkäuferinnen zu wecken. Zwar verlieren sie Kunden, doch fühlten sie sich oft hilflos und allein im Laden, wenn große Schübe von Bewohnern kamen.

Dass es nicht nur Heimbewohner gewesen seien, die geklaut hätten, unterstreichen sie zwar, doch durch die Abnahme der Bewohner sei es *„jetzt auffällig besser geworden."* Die Angestellten des Friseurladens haben hingegen weniger schlechte Erfahrungen gemacht, einige der Bewohner zählten zu ihren Kunden: *„Die Leute kommen ja auch hierher. Das ist wieder schön. Und die sind auch mitunter ganz nett."* Für eine bessere Kommunikation mit den Bewohnern sorgt sicherlich die Tatsache, dass beide Friseurinnen aufgrund ihrer jeweiligen Herkunft, aus Russland sowie der ehemaligen DDR, über russische Sprachkenntnisse verfügen. Beide Frauen waren selbst im Wohnheim, zwar ohne dort zu wohnen, aber um die behördlichen Formalitäten zu erledigen. Die bevorstehende Schließung des Wohnheims regt die beiden Friseurinnen dazu an, über mögliche zukünftige Nutzungen zu spekulieren.

Die bestehenden Barrieren zwischen Anwohnern und Bewohnern, welche die Friseurinnen gut zu überbrücken wussten, wurde für eine Apothekerin oft zum Problem: *„Das war eigentlich immer das Ärgerliche, dass sie eigentlich fast überhaupt kein Deutsch sprechen konnten. Es gab Wenige, die ein Wörterbuch dabei hatten. [...] Und dann hieß es immer: ‚Warum sprechen sie kein Russisch?' – ‚Na, weil wir in Deutschland sind.' Also die hätten gerne gehabt, dass wir Russisch sprechen."* Außerdem kam es ihr so vor, als würden sie sich genieren, da sie häufig nach kurzem Umsehen den Laden wieder wortlos verließen. Andererseits beschreibt sie aber auch, wie viele Bewohner zu Stammkunden wurden und dass sie nicht nur negative Erfahrungen gemacht hat: *„Aber das ist nicht nur negativ. Es gibt auch durchaus Nette. Sie sind ausgesprochen freundlich. Inzwischen sind es auch einige, die wir ja schon seit Jahren kennen und die uns dann* *eben auch kennen. Sie bringen uns auch Süßigkeiten vorbei und bedanken sich, weil wir so freundlich sind."*

Entsprechend der hohen Anzahl aus Russland stammender Bewohner siedelten sich auch mehrere Läden für russische Lebensmittel an der Marienfelder Allee an. Einer dieser Ladenbesitzer ist selbst „Wolgadeutscher" und berichtet, dass die meisten seiner Kunden Russen sind, mit denen er auch Russisch spricht. Oft seien es Bewohner aus dem Wohnheim, die den Laden besuchen, doch auch „Ehemalige" bleiben bei ihm Kunden: *„Sie kommen von überall, aus Marzahn oder Spandau. Sie kommen aus vielen verschiedenen Bezirken, weil sie in den Zeitungen die Reklame meines Ladens finden. Die Leute aus dem Heim haben früher den Laden kennen gelernt und jetzt sind sie unsere Kunden geblieben. Jetzt sind sie umgezogen nach Spandau, Marzahn, egal wohin. Aber die Leute kommen dann immer so ab und zu zu uns. Sie sind bequem. Sie haben diesen Laden gefunden und kommen immer wieder. Wir haben unsere Stammkunden."* Auch er wohnte im Wohnheim für sechs Wochen, bis er eine Wohnung in Berlin-Reinickendorf bekam. Dafür nimmt er einen täglichen Fahrtweg von 28 Kilometer auf sich, um zu seinem Laden zu kommen.

Während meiner Untersuchungen habe ich viele verschiedene Meinungen gehört. Es wurde von negativen Erfahrungen berichtet, wie zum Beispiel Diebstählen und sprachlichen Problemen. Aber auch von positiven Erlebnissen, die durch Freundlichkeit und Höflichkeit gekennzeichnet sind. Dadurch entsteht ein sehr differenziertes Bild. Die Angestellten der Läden scheinen dem Wohnheim im Großen und Ganzen offen und neutral gegenüberzustehen. Sie versuchen trotz schlechter Erfahrungen das Auftreten der Bewohner nicht als negativ zu generalisieren, sondern verweisen auch auf die vielen guten Eindrücke.

Nach den Gesprächen fällt auf, dass einige der Angestellten eine persönliche Beziehung zu Marienfelde haben und uns auch von vielen Kunden erzählten, die trotz Umzug immer wieder in die Läden kommen. Als würde es die Menschen immer wieder nach Marienfelde zurückziehen ob nun bewusst oder unbewusst, gewollt oder zufällig.

Ein kleiner Spaziergang durch Marienfelde

Marienfelde gehört zum Bezirk Tempelhof-Schöneberg, wobei es im südlichsten Teil dessen zu finden ist. Durch die Nähe zum benachbarten Landkreis Teltow ist Marienfelde ein eher ruhiger Wohnort, der lange Zeit ländlich geprägt war. Um mir ein eigenes Bild von der Umgebung des ehemaligen Notaufnahmelagers machen zu können, unternehme ich einen Wahrnehmungsspaziergang, der mich die Marienfelder Allee und ihre abgehenden Straßen entlang führt. Mein Ziel ist es, der Einbettung des Durchgangsheims in den Stadtteil Marienfelde nachzuspüren, die folgenden Beobachtungen werden daher nicht das Erscheinunsgbild des kompletten Bezirks vollständig widerspiegeln.

Auf der Hinfahrt lese ich „Marienfelde" auf dem grünen Schild mit gelber Schrift. Ich werde aufmerksam und sehe ein Gewerbegebiet mit vielen ansässigen Firmen. Marienfelde wurde schon um die Jahrhundertwende zunehmend industrialisiert und ist auch heute um den S-Bahnhof Marienfelde durch einen hohen Anteil an Industrie geprägt. Dafür steht auch das Daimler-Benz-Werk, das sich in der Daimlerstraße befindet. Am ehemaligen Notaufnahmelager angekommen, laufe ich in eine Seitenstraße hinein, die mich an der Seite des Wohnheims vorbeiführt. Langsam gehe ich dicht an den äußersten Wohngebäuden des Komplexes vorbei. An einem Fenster im ersten Stock unterhalten sich drei Männer. Einer von ihnen lehnt sich aus dem Fenster, die anderen beiden stehen unterhalb des Gebäudes. Das alles findet hinter einem hohen Zaun statt, der sie von mir und der Straße trennt. Eigentlich nichts Ungewöhnliches und doch kommt es mir seltsam vor, wie die Männer hinter diesem Zaun stehen: Sie kommen mir vor wie eingepfercht und sind doch nicht eingesperrt.

Das große, geschlossene Tor für Kraftfahrzeuge des Übergangswohnheims schüchtert mich mit seinen dicken Metallstangen und den großen orangefarbenen Leuchten ein. Mein Blick fällt in das Areal des ehemaligen Notaufnahmelagers. Ich sehe eine verlassene, ruhige Straße und ein einsames Gelände. Man kann nur erahnen, wie es wirkte, als im Notaufnahmelager noch reges Leben herrschte. Ich erreiche das hintere Ende des Komplexes und eine kleine Straße schlängelt sich rechts von mir ab, umsäumt von kleinen Gaslaternen. Doch schlage ich die linke Richtung ein und komme an Mehrfamilienhäusern vorbei, die der Architektur der Häuser im ehemaligen Notaufnahmelager sehr ähneln. Ich gelange auf eine sehr geradlinige Straße, die mit zweistöckigen Häusern bebaut ist, die alle das gleiche Aussehen haben. Alles sieht sehr ordentlich aus, die kleinen, schmalen Vorgärten sind sehr gepflegt und alles wirkt sehr akkurat.

Überquert man die Marienfelder Allee und geht eine der Seitenstraßen entlang, erwartet einen ein anderer Anblick. Die Straßen scheinen breiter, die Bäume höher und die Häuser größer. Einige der Häuser sind mehr kleine Villen, wobei es sowohl alte wie auch neu erbaute Häuser gibt. Die gesamte Bebauung der Umgebung des Wohnheims ist durch Einfamilienhäuser geprägt, die vereinzelt durch kleinere Mehrfamilienhäuser unterbrochen werden. Läuft man diese kleineren Straßen entlang, nimmt man die Marienfelder Allee mit ihrem hohen Verkehrsaufkommen kaum wahr.

Die Bebauung der Marienfelder Allee besteht größtenteils aus Mehrfamilienhäusern, wobei auch einige Einfamilienhäuser die Straße säumen, die in den 1930er Jahren gebaut worden waren. Durch die stark ausgeprägte Struktur von Einfamilienhäusern fehlt der unmittelbaren Umgebung des Durchgangsheims ein Kiez[2]. Die Marienfelder Allee scheint dieses Fehlen durch ihre vielen Geschäfte auszugleichen und die Einkaufsstraße des Stadtteils zu bilden. Doch sie lädt nicht zum Flanieren ein, da die Läden lediglich Waren für den täglichen Gebrauch anbieten.

In meiner Erinnerung an das Beobachtete spielt der Vergleich mit meinem Heimatort Berlin-Mahlsdorf (Stadtteil im Bezirk Marzahn-Hellersdorf) oft mit: wie sie sich ähneln und doch unterscheiden; Unterschiede, die ich nur schwer benennen kann. Marienfelde ist für mich etwas Besonderes, ein Ort des Erinnerns, der Geschichte. Mahlsdorf, der Ort meines Aufwachsens, etwas immer Dagewesenes. Ein Gefühl, das die Anwohner Marienfeldes wahrscheinlich genauso empfinden, wenn sie am ehemaligen Notaufnahmelager vorbeikommen; ein Gefühl, das kaum wahrnehmbar ist, da es jeweils den Alltag bedeutet.

„Ist schon ein schönes Fleckchen.“

„Na dadurch, dass sehr viele Aussiedler dort überall rumrennen, kennt man das dann halt.“ So beantwortet Mario mir meine Frage, ob er das ehemalige Notaufnahmelager Marienfelde kennt. Mario ist 34 Jahre alt und arbeitet im Daimler-Benz-Werk unweit vom Übergangswohnheim entfernt. Jeden Tag nimmt er die S-Bahn, um von Biesdorf (Stadtteil im Bezirk Marzahn-Hellersdorf) nach Marienfelde (Stadtteil im Bezirk Tempelhof-Schöneberg) zu gelangen. Da die Bewohner auch den Zugverkehr nutzen, nimmt er das ehemalige Notaufnahmelager wahr, obwohl ihm vor unserem Gespräch nicht bewusst war,

2 Der Berliner Begriff Kiez ist nicht klar definiert. Ralf Zelinski (1999): „Das ist ja hier wie früher beim Barbier“ stellt fest, dass in Berlin der Kiez als Teil des Lebensraums gelten kann. Doch stellt er auch klar, dass der Kiez für „jeden etwas anderes ist“. Für mich stellt der Kiez das nähere Umfeld eines Menschen dar, in dem er wohnt, seine Einkäufe macht, kommuniziert und soziale Kontakte pflegt. Oft wird mit dem Kiez auch eine Gemeinschaftsgefühl verbunden, welches sich in Institutionen wie einem Kieztreff wiederspiegelt.

was es für eine Institution ist. Nach seinen Aussagen sind es recht viele Bewohner, die er jeden Tag sieht, wobei er mit ihnen kaum Kontakt hat und deshalb weder gute noch schlechte Erfahrungen gemacht hat: „*Es ist halt - na - normal. Also man sieht's halt und man hört es.*" Auch für Mario ist das ehemalige Notaufnahmelager alltäglich geworden. Ähnlich wie bei den Ladenmitarbeitern der gegenüberliegenden Geschäfte ist es für ihn normal, Bewohner und das Wohnheim selbst jeden Tag zu sehen. Die Erinnerungsstätte hat er noch nicht besucht. Mario arbeitet nun seit elf Jahren in Marienfelde. Bevor er dort zu arbeiten angefangen hat, war ihm nicht bewusst, dass sich in der Nähe seines zukünftigen Arbeitsplatzes das ehemalige Notaufnahmelager befindet: „*Na man hat mal davon gehört, aber so bewusst, dass war ein bisschen egal. Also man kriegt das ja immer so nebenbei mit. [...] Man fährt da vorbei und da steht halt dieses Ding.*"

Als das ehemalige Notaufnahmelager noch seine ursprüngliche Aufgabe als Auffanglager für DDR-Übersiedler und -Flüchtlinge[3] erfüllte, war Mario nach eigenen Aussagen zu jung, um über das Notaufnahmelager Bescheid zu wissen. Erst im Nachhinein bekommt er mit, dass DDR-Flüchtlinge und Übersiedler an dieser Stelle aufgenommen wurden. Dass sich dieses Notaufnahmelager in Marienfelde befindet, war ihm bis zum Antritt seiner Arbeit und noch danach nicht bewusst. Und auch erst nach drei Jahren Arbeit in Marienfelde nahm er die Bewohner des Durchgangsheims wahr. Dabei bemerkt er, dass ihm meistens nur Jugendliche auffallen und er annimmt, dass sie in den letzten sieben Jahren präsenter geworden sind. Das lässt sich wahrscheinlich dadurch erklären, dass Jugendliche in größeren Gruppen auftreten und somit auch lautstärker wahrgenommen werden. Möglicherweise haben ältere Aussiedler öfter Schwierigkeiten, sich auf die fremde Umgebung und die unbekannten Verhältnisse einzulassen und verhalten sich vielleicht zurückhaltender.

Marienfelde ist für Mario lediglich ein Arbeitsort, mit dem er sich nicht viel beschäftigt. Seinen Eindruck beschreibt er folgendermaßen: „*Also wir haben Bekannte, die wohnen auch gleich um die Ecke. Ist schon ein schönes Fleckchen.*" Er empfindet Marienfelde als eine schöne Wohngegend, die sich durch viele Ein- und Mehrfamilienhäuser auszeichnet. Er geht davon aus, dass die Gegend um das Wohnheim sehr teuer ist, da er feststellt, dass kaum Mietwohnungen zu finden sind. Doch gerade diese Dominanz von Einfamilienhäusern macht Marienfelde für Mario selbst nicht besonders attraktiv: „*Also*

3 Das Notaufnahmelager wurde 1953 erbaut, um die große Zahl von Menschen aus der DDR aufzunehmen.

für mich persönlich ist es durch diese Einfamiliengegend nicht wirklich anziehend. [...] OK, vorne am U-Mariendorf die Kirche[4]*, aber ansonsten würde mir nichts einfallen, was mich da hinziehen würde, so rein von attraktiven Sehenswürdigkeiten her oder so."* Durch die Antwort veranlasst frage ich, ob das ehemalige Notaufnahmelager vielleicht etwas ist, womit man Marienfelde verbindet. Mario aber geht eher davon aus, dass die Anwohner es kaum interessiert, dass sich in ihrem Stadtteil ein Durchgangslager für Aussiedler befindet. Auch hier lässt sich eine emotionslose Einstellung gegenüber dem Wohnheim feststellen. So lange alles ruhig bleibt, sagt Mario, nehmen sie es gar nicht richtig wahr. Mario glaubt außerdem, dass auch die Erinnerungsstätte nicht viel Aufmerksamkeit bei den Anwohnern erweckt: *„Ich weiß gar nicht, ob so viele wissen, dass da auch ein Museum für Flüchtlinge ist. Das wage ich ganz stark zu bezweifeln. Ich glaube, dass die alle der Osten nicht wirklich interessiert. Um jetzt ganz ehrlich zu sein: Die haben mit dem Osten nicht wirklich viel am Hut – meine persönliche Meinung."* Da die Erinnerungsstätte des ehemaligen Notaufnahmelagers die Geschichte der DDR-Flüchtlinge darstellt, vermutet er, dass die Anwohner diesem kaum Aufmerksamkeit schenken, da für sie als West-Berliner[5] der Osten kaum von Interesse ist. Mario beschreibt Marienfelde als einen Ort ohne Besonderheiten, ohne Anziehungspunkte, in einer typischen Berliner Randlage.

Das ehemalige Notaufnahmelager Marienfelde – still und ruhig verbringt es die letzten Monate seiner Öffnung. Und genauso still und ruhig scheint es auch zu verschwinden. Für die Befragten ist das Wohnheim zur Selbstverständlichkeit in Marienfelde geworden, mit all seinen Vor- und Nachteilen. Für sie scheint die Schließung nicht zu bedeuten, dass ein Stück Geschichte zu Ende geht. Die zukünftige Nutzung des ehemaligen Notaufnahmelagers weckt dabei größeres Interesse.

Literatur

Zelinski, Ralf (1999): „Das ist ja hier wie früher beim Barbier". Kiez in Berlin. In: Blask, Falk (Hg.): Geteilte Nachbarschaft. Erkundungen im ehemaligen Grenzgebiet Treptow und Neukölln. Berliner Blätter H. 20. Berlin, S. 33-44.

4 Gemeint ist die Dorfkirche aus dem 13. Jahrhundert in Alt-Mariendorf.

5 Berlin-Marienfelde gehörte bis zum 03. Oktober 1990 zu West-Berlin.

Fotografischer Einblick

Ausschnitte vom Durchgangsheim Marienfelde

Bild 1: Die Erinnerungsstätte Notaufnahmelager Marienfelde hat im ehemaligen Hauptgebäude des Notaufnahmelagers ihren Platz gefunden. Früher befanden sich hier Warteräume für DDR-Flüchtlinge, Ausgereiste und Spätaussiedler_innen sowie Büros der aufnehmenden Dienststellen. Die Erinnerungsstätte liegt direkt neben dem heutigen Eingang zum Durchgangsheim.

Bild 2: Blick von der Marienfelder Allee auf die Vorderansicht des Wohnheims für Spätaussiedler_innen.

Bild 3: Das Gelände des Durchgangsheims ist vollständig von einem Zaun umgeben. Mehrere Tore, hier zu sehen das Tor in der Stegerwaldstraße, ermöglichen nur Kraftfahrzeugen den Zugang zum Gelände – Bewohner_innen müssen den Haupteingang beim Pförtner passieren.

Bild 4: Der Zugang zum Durchgangsheim funktioniert wie eine Schleuse: Der Ein- und Ausgangsbereich ist voneinander getrennt – die automatischen Türen sind jeweils in nur eine Richtung passierbar.

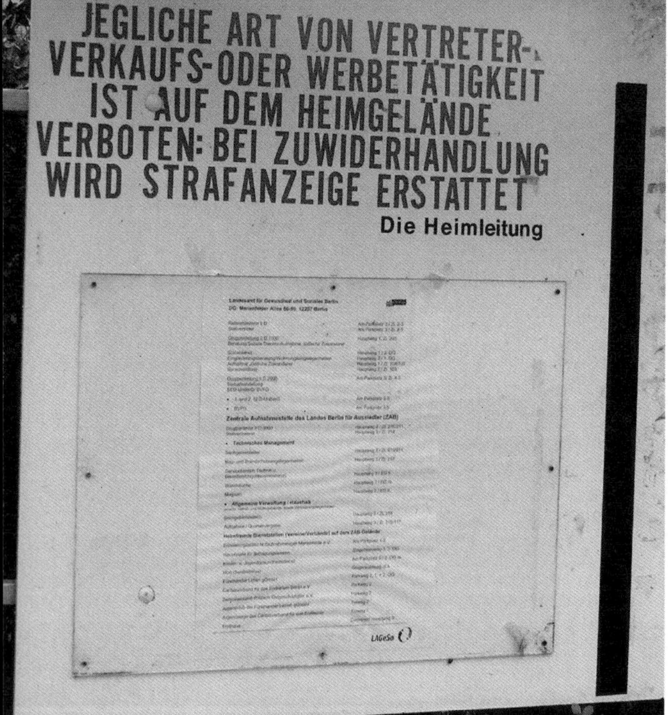

Bild 5: Nach Passieren der „Schleuse" wird der_die Bewohner_in von einer großen Hinweistafel (in deutscher Sprache) erwartet: Lageplan, Informationen zu den Behörden und Verbote sind darauf zu finden.

Bild 6: Beim Betreten und Verlassen des Durchgangsheims müssen die Bewohner_innen sich beim Pförtner an- und abmelden. Außenstehenden Personen ist der Zugang zum Gelände nur mit Genehmigung gestattet.

Bild 7: Dreigeschossige Wohnblocks, ein Spielplatz und akkurat gepflegte Grünanlagen prägen das Bild des Durchgangsheims. Die Zeit scheint in den 50er Jahren, in denen die Wohnanlage gebaut wurde, eingefroren zu sein.

Bild 8: Ein Schachspiel-Tisch mit integrierten Stühlen: Dieses Freizeitangebot in Swastika ähnlichem Design regt unfreiwillig zu einer reflektierteren Verwendung von Formen an.

Bild 9: Ausgang des Durchgangsheims mit Blick durch die „Schleuse" auf das Wohngelände.

Drüben angekommen

Oleksandra Bienert

„Dort drüben wird es ganz anders sein“[1] – Oder auch nicht?

Zur Situation von Spätaussiedlern in Deutschland

Der Berliner Bezirk Spandau ist am Wochenende eher ruhig. Ruhig und dazu relativ abseits des Zentrums gelegen. Nichts deutet hier auf eine zentrale Funktion des Bezirkes hin, doch dieser erste Eindruck täuscht: In Spandau befindet sich eines der Zentren von Spätaussiedlern[2], die vor allem aus der ehemaligen Sowjetunion nach Deutschland kommen. Heute ist Sonntag und ich war in Spandau zu Besuch bei einer Spätaussiedlerfamilie, die mir ein Interview für unser Forschungsprojekt gab. Eigentlich ist die Familie ein perfektes Beispiel für meine Forschung, aber unser offenes Gespräch bei Tee und Kuchen ergab eher wenig. Die Familie wollte – oder konnte – nicht über ihre Probleme sprechen. Stattdessen hörte ich verdächtig oft den Satz: *„Bei uns ist alles sehr gut“.*

Meine Untersuchung beschäftigt sich insbesondere mit der Frage der Diskrepanz zwischen Vorstellungen von Spätaussiedlern über Deutschland und ihrem neuen, tatsächlichen Leben hier. Für meine Forschung habe ich insgesamt vier Interviews mit Spätaussiedlern mit unterschiedlichen deutschen Sprachkenntnissen und gemischter sozialer Herkunft geführt. Meine zentralen Fragen konzentrieren sich vor allem auf drei Aspekte: Wie unterscheiden sich die Visionen der Spätaussiedler von der Realität? Was ergibt sich daraus für ihre Integration in Deutschland, die nicht immer perfekt verläuft? Welche Schritte kann man zur Verbesserung der Situation unternehmen?

1 Ausspruch von Julia S., 27, in einem Interview im Mai 2008

2 Als Spätaussiedler werden in Deutschland seit 1993 die nach Deutschland zurückkehrenden Nachfahren von Deutschen bezeichnet, die seit Generationen vor allem in Ost- und Südosteuropa gelebt haben. Siehe auch: http://bundesrecht.juris.de/bvfg/__4.html [Zugriff am 04.03.2009].

Minderheitenstatus – für immer?

Die so genannten Russlanddeutschen, Nachfahren der Deutschen im Russischen Zarenreich, gelten als Minderheit im post-sowjetischen Raum. Obwohl es mittlerweile zu keinen Einschränkungen mehr für die jüngere Generation aufgrund ihrer deutschen Vorfahren kommt, bewahrt die ältere Generation Erinnerungen an den ungerechten Umgang mit ihren Familien in Russland, deren Schatten sie teilweise abbekamen, wie aus diesem Interviewabschnitt sichtbar wird: *„Ende August 1941 ist ein Gesetz von Stalin über die Internierung erschienen*[3]*, und wir mussten innerhalb von 24 Stunden unsere Wohnungen verlassen. Man durfte drei Kilogramm Sachen pro einen Menschen mitnehmen. Meine ältere Schwester war zehn, ich war fünf, andere drei, Gilde ein Jahre alt. Unterwegs hatte meine Mutter noch eine Tochter geboren. Man hat uns in einem Dorf neben Novosibirsk angesiedelt. Männer wurden gleich von uns getrennt, unser Vater ist nach Irkutsk geraten. In diesen Dörfer, wo man uns angesiedelt hat, durfte man nicht mehr als fünf, sechs deutsche Familien ansiedeln, und so waren wir fünf Familien. 1943 hatten Russen unter meinen Augen meine kleinere Schwester erwürgt, die die Mutter unterwegs geboren hat – weil jemand von denen eine Nachricht bekam, sein Verwandter wurde an der Front erschossen."* (Frau R., 72 Jahre, im Juli 2008)

In den Augen jüngerer Generationen hat es so ausgesehen: *„Wenn man dies vergisst, dass ich in der zweiten Klasse Faschistin genannt wurde, wurden wir – die junge Generation – eigentlich nicht unterdrückt."* (Julia S., 27 Jahre, im Mai 2008)

Im Russischen Reich und der späteren UdSSR seit Generationen lebend, bewahrten „die" Russlanddeutschen ihre deutsche Sprache und Identität so gut es ging: *„Meine Eltern haben vor dem Krieg kein Russisch gesprochen. Ich habe sogar eine deutsche Geburtsurkunde"* (Frau R.). Was Jugendliche angeht, lässt sich der Bezug zu ihrer deutschen Herkunft nicht beobachten, sie bezeichnen sich als Russen/Ukrainer/Kasachen, sie kleiden sich auf „russische" Weise, hören russische Musik – und haben zudem einen anderen Habitus, oft in bewusster Abgrenzung zu Deutschland. Bei ihrer Ankunft in Deutschland gelten sie vor dem Gesetz als „deutsche Volkszugehörige" und bekommen einen deutschen Pass und eine Wohnung zur Verfügung gestellt, was sie von anderen Migrantengruppen unterscheidet (vgl. Haug/Sauer 2007: 253-266). Wenn man ihre Situation im Licht der ihnen dadurch zugeteilten Rechte eines Bürgers betrachtet, haben sie die gleichen Rechte wie alle deutschen Staatsbürger.

3 Erlass des Präsidiums des Obersten Sowjets der UdSSR vom 28. August 1941.

Eine komplexe Integration in die Gesellschaft

Dass Spätaussiedler in Deutschland alle staatsbürgerlichen Rechte besitzen, bedeutet jedoch nicht zwangsläufig, dass sie sich in die deutsche Gesellschaft integrieren: *„Deutsche Freunde? Nein, haben wir nicht. Nur russischsprachige“* (Julia S.). Meiner Ansicht nach liegt das daran, weil sie, rechtlich gesehen, nicht aus Deutschland abgeschoben werden können. Dadurch besteht kein Drang für sie, so schnell wie möglich Deutsch zu lernen, um an der Gesellschaft teilhaben zu können, was mir gegenüber eine der Interviewpartnerinnen bestätigt: *„Viele kommen ja hierher ohne jegliches Ziel; und dann natürlich existieren einfach hier, für soziales Geld, wodurch sie sich unglaublich von der Gesellschaft distanzieren“* (Alina R., 27 Jahre, im Mai 2008). Den Neuankömmlingen wird eine Wohnung zur Verfügung gestellt, sie bekommen einen Sprachkurs vom Staat finanziert, und haben Anspruch auf Sozialleistungen. Nach einem Jahr in Deutschland haben die meisten von ihnen immer noch sehr geringe Deutschkenntnisse und sind – besonders die ältere Generation – auf andere Gemeinschafts- oder Familienmitglieder angewiesen: *„Wir sind jetzt seit einem Jahr hier. Die Einkäufe – die kann ich eigentlich schon sogar allein machen. Aber wenn ich einen Arzt besuche, nehme ich immer jemanden aus meiner Familie mit. Ich kann ja etwas Deutsch sprechen, aber verstehen – das kann ich noch nicht“* (Frau W., 70 Jahre, im Januar 2008).

Aufgrund von mangelhaften Sprachkenntnissen, aber auch aufgrund der Wahrnehmung dieser Gesellschaftsgruppe bei den einheimischen Deutschen können sie sehr oft keine oder kaum Arbeit finden, was als Schlüssel zur Integration zu verstehen ist (vgl. Haug/Sauer 2007: 253-266). Davon spricht auch Julia: *„Was mein Beruf angeht – obwohl ich ziemlich gut Deutsch kann, und C1[4] habe, konnte ich mich in beruflichen Aspekt noch gar nicht realisieren“* (Julia S.).

Verhältnis zu anderen in Deutschland lebenden Bevölkerungsgruppen[5]

Wenn wir die Beziehungen der Spätaussiedler zu anderen Gruppen betrachten, fällt eine interessante Tatsache auf: Obwohl sie sich selbst als Ausländer

4 C1 entspricht nach deutschen Gesetzen einem Niveau, welches zur Aufnahme eines Hochschulstudiums berechtigt.

5 Unter dem Begriff der Bevölkerungsgruppen sind neben ethnischen auch religiöse, soziale und geschlechtliche Gruppierungen zu verstehen.

bezeichnen, betrachten sie sich im Verhältnis zu anderen Migrantengruppen nicht als Ausländer. In Berlin fahren sie selten in Bezirke wie Neukölln oder Kreuzberg, weil man sich da, wie mir eine Bekannte erzählte, *„wegen der hohen Konzentration der Bevölkerung mit südeuropäischer Abstammung“* unwohl fühlt. Zum einen liegt das an der für sie ungewöhnlichen Mischung der Völker, und zum anderen am Wunsch, sich von diesen abzugrenzen, zu unterscheiden. Dies lässt sich generell bei Migranten aus dem post-sowjetischen Raum beobachten.

Das Verhältnis der Spätaussiedler zur deutschen Bevölkerung ohne Migrationshintergrund ist vor allem durch Sprachprobleme geprägt und steht so oftmals dem Aufbau von Freundschaftsbeziehungen im Wege. Julia skizziert dabei ein eigenartiges Bild von der deutschen Bevölkerung: *„Die Deutschen, die sitzen doch jeden Tag in Bars! Habe ich gehört. Außerdem sagt man, dass es bei ihnen zu Hause sehr schmutzig ist, und deswegen wollen sie gar nicht nach Hause gehen, und sitzen in Bars... Sie haben eine andere Mentalität, und machen einige Sachen einfach komisch. Ich war beispielsweise auf einer Party, da waren solche junge Studenten, 20-30 Jahren alt. Und weißt Du, was sie gemacht haben? Sie haben sich alle in der Wohnung verteilt, statt sich an einen Tisch zu setzen, und zu feiern, so wie bei uns in Kasachstan“.* Und: *„Die Deutschen? Sie leben nach Terminen. Du kannst es nicht bei uns machen – einfach anrufen und vorbeikommen. Gut, die Termine sind nicht unbedingt schlecht, aber manchmal will man doch einfach spontan sein.“* (Julia S.)

Darüber hinaus, obwohl diese Gruppe relativ viele Rechte gegenüber den anderen Migrantengruppen besitzt und staatliche Leistungen in Anspruch nehmen kann, beschreibt Julia, dass sie sich gegenüber dem Staat unsicher und von den Behörden betrogen fühlt: *„Die Sachbearbeiterin, von der ich mich über mein Problem beraten ließ, sagte, dass ich keine Ansprüche auf Leistungen habe, obwohl ich protestiert hatte, und ihr noch mal die entsprechenden Stellen in Gesetzen zeigte. Ich musste dann Widerspruch einreichen, der auch bewilligt wurde, sodass ich meine Leistungen doch in Anspruch nehmen konnte“* (Julia S.).

Die angesprochenen Fälle stellen aber keine Gesetzmäßigkeit dar und spiegeln nur einen Teil der Spätaussiedler wider.

Die Sehnsucht nach dem Paradies

Welche Gründe haben die Spätaussiedler, nach Deutschland auszureisen und warum kommen sie schließlich? Keiner der Befragten kam in meinen Interviews auf den Aspekt der „deutschen Heimat“ zu sprechen, fast alle haben nach einigen Überlegungen die finanziellen Gründe genannt: *„Warum wollten wir aus*

Kasachstan weg? Nun, natürlich zuallererst spielten dabei die materiellen Gründe eine große Rolle... Ich habe Universität abgeschlossen, und habe auch eine Arbeit gefunden, sie wurde aber sehr schlecht vergütet. Das ist allgemeines Problem in Kasachstan. Ich war Ingenieurin, aber man muss in Kasachstan viel mehr als ein normaler Ingenieur verdienen, um dort gut leben zu können... Ich hatte eine Vorstellung, dass Deutschland ein Teil von Europa ist. Wie schlecht hier auch für uns sein konnte, aber es konnte nie so schlecht werden, wie es in Kasachstan war" (Julia S.).

„*Warum wir fahren wollten? Na ja, was kann ich sagen, das Leben in der Ukraine ist jetzt nicht so leicht. Außerdem hat mein Enkel Universität abgeschlossen, und ich möchte doch, dass er eine entsprechend gut vergütete Arbeit findet, was in der Ukraine nicht möglich war. Also nicht dort, wo wir wohnten.*" (Frau W.)

„*Wahrscheinlich wollten meine Verwandten auf ihre historische Heimat zurückkehren. Sie selbst haben in Kasachstan gelebt, haben dort nichts Gutes gesehen und wollten für ein besseres Leben zurückkehren*" (Alina R.).

Meiner Meinung nach machen sich viele auf der Suche nach einer besseren Welt auf nach Deutschland, das ihnen wie eine Art Paradies erscheint. Viele begleitet die Vorstellung, dass es „irgendwo" viel besser ist, dass man „woanders" glücklicher sein kann.

Es ist aber oft so, wie wir bereits oben gesehen haben, dass sie in Deutschland erst mal kein Paradies finden, nicht das Paradies, welches sie sich manchmal jahrzehntelang vorgestellt haben: „*Ehrlich gesagt, war ich von Marienfelde [dem Durchgangsheim] schockiert. Ich war schockiert, wie schmutzig es dort war. Man konnte sehen, dass dort ganz viele vor dir bereits gelebt haben, und da sie alle wussten, dass sie nur zeitlich da wohnten – haben sie sich nicht besonders um die Sauberkeit gekümmert. Das habe sogar ich bemerkt, obwohl ich aus Kasachstan kam. Dieser Wassererhitzer an der Wand. Ok, ich verstehe, dass man uns gegenüber nicht verpflichtet ist, etwas zur Verfügung zu stellen. Aber man konnte fühlen, dass man sich hier auf dich nicht freute*" (Julia S.).

Die Realität sieht also für viele Angekommene ganz anderes aus. Darüber hinaus – obwohl manche Spätaussiedler keine Sprachprobleme haben – werden sie von Arbeitgebern oft diskriminiert und nicht als potenzielle Arbeitnehmer wahrgenommen (vgl. Haug/Sauer 2007: 253-266).

Ausblick

Die Spätaussiedler scheinen ein Opfer der Systeme und Zeiten zu sein. Offiziell Nachfahren von Deutschen, leben sie im post-sowjetischen Raum als Minderheit. Obwohl sie das Recht auf „Deutsch sein" haben und gewisse Vorteile und Leistungen in Deutschland in Anspruch nehmen dürfen, kommen sie doch hierher als Russen/Ukrainer/Kasachen und werden weiterhin auch in Deutschland so betrachtet. Sie sind in anderen Gesellschaften sozialisiert worden und können oftmals in Deutschland nicht das vielleicht ersehnte Paradies finden. Es ist nicht nur so, dass sich ihre Vorstellungen von Deutschland und ihrem Leben hier von der Realität unterscheiden; es ist auch ihr Habitus, der anders ist. Darüber hinaus werden sie vom größten Teil der Bevölkerung deswegen als „Andere“ wahrgenommen. Diese Tatsache führt schließlich zur mangelnden Integration in die deutsche Gesellschaft. Innerhalb der Gesellschaft bilden sie ihre eigene(n) Gruppe(n). Eine wichtige Rolle spielt dabei ihre Sprache (vgl. Haug/Sauer 2007: 258). Ihre Vorstellungen und die ernüchternde Realität ihres Lebens in der Bundesrepublik scheinen sich tatsächlich zu unterscheiden. Aber wie die Ausführungen und Interviews deutlich zeigten„ ist dies nicht der einzige Grund, warum sich die Spätaussiedler manchmal in eine eigene Gruppe absondern.

Was wäre in dieser Situation als Lösungsvorschlag angebracht? Da es scheinbar außer persönlichen Gründen und Wünschen vor allem die Sprache ist, die ihre Integration in die deutsche Gesellschaft verhindert, wäre es angebracht, mehr kostenlose Deutschkurse mit hohem Niveau anzubieten. Es darf kein „Monopol“ im Sprachangebot geben, weil sich somit nicht herausstellen lässt, ob die Schulen tatsächlich gute Kenntnisse vermitteln. An die Spätaussiedler müssten meiner Meinung nach auch höhere Anforderungen gestellt werden, was das Erlernen der Sprache betrifft.

Eine weitere Schwierigkeit bei Spätaussiedlern – aber auch anderer Migrantengruppen – ist die Nicht-Anerkennung von in der Heimat erbrachten schulischen, beruflichen und akademischen Leistungen. Es wäre auch für den deutschen Staat viel effektiver, stattdessen mehr spezielle Weiterbildungskurse einzuführen, die in wenigen Jahren einem Akademiker erlauben würden, seinen Abschluss in Deutschland anzuerkennen, um weiter in seinem Gebiet arbeiten zu können. Die Situation, die bis jetzt in Deutschland existiert, führt einfach dazu, dass hochqualifizierte Migranten als Putzkräfte arbeiten müssen, was nicht unbedingt bei ihnen einen Wunsch erweckt, sich in diese Gesellschaft zu integrieren und zu ihrer Entwicklung beizutragen. Eher im Gegenteil – das bringt die Spätaussiedler mehr und mehr dazu, Sozialhilfe vom Staat zu beantragen, und sich somit das ganze Leben lang vom Staat ernähren zu lassen. Von der psychologischen Wirkung dieser Situation ganz zu schweigen.

Spandau am Wochenende ist immer noch ruhig. In diese Ruhe hört aber eine hinein, die mit der Situation der hier lebenden Menschen vertraut ist.

Ein Fragezeichen, ein Fragezeichen an die Regierung, an sich selbst. War es tatsächlich richtig für sie, hierher zu kommen? Natürlich, wie eine Interviewpartnerin richtig sagte, hängt vieles vom Menschen selbst ab. Die heutige Situation macht es aber den Migranten sehr schwer, sich in der Gesellschaft wieder zu finden. Es sind dringend weitere Schritte in diesem Bereich erforderlich und anzugehen.

Literatur

Haug, Sonja/Sauer, Lenore (2007): Aussiedler, Spätaussiedler, Russlanddeutsche, Osteuropa. 57 Jg., 11, S. 253-266.

http://bundesrecht.juris.de/bvfg/__4.html [Zugriff am 04.03.2009].

Evgenia Kornusova und Ksenia Korelova

„Momentan fühle ich mich als..."

Identitäten und Integrationsgrenzen junger russlanddeutscher Spätaussiedler/innen

Junge Spätaussiedler/innen in Deutschland: Einführung in die Fragestellung

Ein altes türkisches Sprichwort sagt: „Wenn du in einem fremden Land in der Sprache des jeweiligen Landes um Brot bitten kannst, dann bleibst du nie hungrig." Die Sprache ist ein wichtiger Bestandteil des menschlichen Lebens. Durch die Beherrschung der Landessprache und des Vertrautseins mit den entsprechenden Sitten und Bräuchen, ist es oftmals möglich, Schwierigkeiten zu vermeiden. Es ist somit nachvollziehbar, dass Dr. Wolfgang Schäuble, Bundesminister des Innern, mehr „Sprache" bei Ausländer/innen einfordert. Mit dieser Forderung soll ein zügigerer Integrationsprozess der Migrant/innen mittels der deutschen Sprache angestrebt werden. Wir haben uns im Rahmen der vorliegenden Untersuchung die Frage gestellt, wie diejenigen Migrant/innen einzuordnen sind, die nach äußeren Kriterien – gute Sprachkenntnisse, jung und ehrgeizig und vor allem das Tragen eines deutschen Namens – als integriert gelten? In diesem Zusammenhang haben wir Interviews mit jungen – das Durchschnittsalter lag bei 25 – russlanddeutschen Spätaussiedler/innen geführt und analysiert. Die Interviewten leben schon seit mehr als 15 Jahren in Deutschland und müssten sich somit stärker nach unserer Annahme mit der deutschen Kultur identifizieren als mit derjenigen ihres Herkunftslandes.

Die untersuchte Migrant/innengruppe ist insofern speziell, als sie durch das a priori Innehaben der gleichen Rechte wie die „Einheimischen" (Staatsangehörigkeit, Wahlrecht, Anspruch auf soziale Leistungen, auch privilegierte Position in der Anerkennung von mitgebrachten beruflichen Qualifikationen) eindeutige Vorteile gegenüber anderen Migrant/innen genießt. Die Komplexität der Situation von Russlanddeutschen liegt darin begründet, dass die Gesellschaft diese Migrant/innen einerseits rein rechtlich als Teil der eigenen Gesellschaft anerkennt, andererseits jedoch – gesellschaftstatsächlich – keinen großen Unterschied zu anderen Migrant/innengruppen macht. Paul Sarazin fügt hinzu: „Dazu kommt die Tatsache, dass die Tradition der deutschen Kultur und ihr Alltagsleben, die diese Deutschen aus der ehemaligen Sowjetunion kannten und bewahrten, in Deutschland als altmodisch angesehen werden" (Sarazin 2005: 8). Außerdem treten die Russlanddeutschen neben ihrer „altmodischen" deutschen Tradition auch als Träger/innen einer hauptsächlich russischen oder vielmehr sowjetischen Kultur auf – als Beispiele seien die zahlreichen „Russengeschäfte", „Russendiskos", russische Zeitungen und Zeitschriften genannt – die letztendlich dazu dienen sollen, ein Stück „Heimat" beizubehalten. Folglich wird auch der Begriff „Russlanddeutscher" von den Bundesdeutschen in der Umgangssprache auf „Russe" reduziert.

Die Zuwanderungszahlen der Deutschstämmigen aus den Nachfolgestaaten der ehemaligen Sowjetunion nach Deutschland blieben Jahrzehnte lang – und bleiben auch heutzutage noch – auf hohem Niveau bestehen. Die Zugewanderten aller Generationen sehen sich mit zahlreichen Herausforderungen des Eingliederungsprozesses[1] konfrontiert (vgl. Esser 2004: 41-59). Die jungen Migrant/innen scheinen dabei einerseits den meisten Herausforderungen gegenüber zu stehen, andererseits scheinen sie am anpassungsfähigsten zu sein.

„In jüngerer Zeit häuften sich die schlechten Nachrichten über jugendliche Aussiedler/innen – Drogenhandel, Beschaffungskriminalität, Schlägereien mit Immigranten anderer Herkunft und Eigentumsdelikte sind die Schlagworte, die dabei oftmals genannt werden." (Schmitt-Rodermund/Silbereisen 2000: 43). Durch Berichte in den Medien wird den jugendlichen Spätaussiedler/innen oft ein negatives Bild zugeschrieben. Dietz konstatiert: „Zur Gruppe der benachteiligten, marginalisierten, aber auch auffälligen Jugendlichen werden zunehmend junge Aussiedler gezählt" (Dietz 1999: 153). Nach intensiver Literaturrecherche sind die meisten Versuche letztlich vergeblich, auch etwas Positives über die jugendlichen Russlanddeutschen in Erfahrung zu bringen. Ihre Erfolge und starkes Bemühen werden zwar erwähnt, das negative Bild überwiegt jedoch weiterhin. Auffällige Verhaltensweisen bzw. Kriminalität werden meistens mit einer misslungenen Integration in Zusammenhang gestellt und darüber erklärt.

Im folgenden Beitrag gilt es auf diese Frage kritisch einzugehen. Aufbauend auf der Tatsache, dass alle unsere Gesprächpartner/innen nach

1 Unter Eingliederung werden hier nach der Migrationstheorie von Esser alle drei Prozesse gemeint: Akkulturation, Integration, Assimilation (vgl. Esser 2004: 41-59).

einem Hochschulabschluss streben und die Sprache sehr gut beherrschen, und gleichzeitig die Annahme treffend, dass von einer erfolgreich abgeschlossenen Integration nicht unbedingt auszugehen ist, reizt uns die oben genannte Problematik umso mehr. Dabei sollte mehr Gewicht auf das Problem des „erwartungsgemäßen Verhaltens“ gelegt werden. Doch was ist eigentlich erwartungsgemäß? Was erwartet die Aufnahmegesellschaft von den Migrant/innen bzw. Spätaussiedler/innen? Werden sie respektive in ihrer Selbstpositionierung beeinflusst? Und wenn ja, wie?

Anhand der soziologischen Assimilationstheorie von Shmuel N. Eisenstadt, die nach seiner Ansicht in drei Phasen[2] verläuft, versuchen wir, diese Frage zu beantworten. Von besonderem Interesse für uns ist die dritte Phase, in der die Migrant/innen zu einem funktionsfähigen Mitglied der absorbierenden Gesellschaft werden müssten (vgl. Eisenstadt 1955). Während Eisenstadt diesen Prozess der Absorption aus Sicht der absorbierenden Gesellschaft zu betrachten versucht, ist für uns die Sicht der Migrant/innen bedeutender. In diesem Zusammenhang wird auch nachgefragt, welche Rolle die Selbstpositionierung und die Eigeninitiative der jungen Russlanddeutschen spielen.

Wir tendieren zwar zu der Ansicht, dass eine erfolgreiche und abgeschlossene Integration bei der Generation, die weniger Bezug zum Herkunftsland hat, fast unmöglich ist, haben aber nicht die Absicht, ein gutes bzw. schlechtes Bild weder von den Spätaussiedler/innen noch von den Aufnahmegesellschaften zu vermitteln. Wir versuchen, dieses Konzept nicht nur als einen einseitigen, sondern als einen zweiseitigen Prozess – auf der einen Seite junge Spätaussiedler/innen Anfang 20, auf der anderen Seite die Aufnahmegesellschaft – zu betrachten. Ausgehend davon, dass Kriterien wie gute Beherrschung der Sprache, Bildung/Ausbildung, langer Aufenthalt und Akzeptanz von Einheimischen die wesentlichen, nicht aber die entscheidenden Merkmale für eine erfolgreiche Integration sind, sind sie doch in unserem Fall eine Voraussetzung. Hier sollten sie nicht mit der Garantie für abgeschlossene Eingliederung verwechselt werden. Somit ist nicht die Frage, wann eine Person als in eine Gesellschaft integriert und assimiliert bezeichnet werden kann, sondern wann die Integration bei den jungen Spätaussiedler/innen nicht mehr weiter voranschreitet und sie somit eine doppelte Identität behalten oder zu einer „dritten Nation“ werden.

2 Die erste Phase ist die Motivation zur Migration, der/die potentielle Migrant/in fühlt sich in seinem Herkunftsland frustriert, weil er/sie seine Aspiration und Erwartungen nicht befriedigen kann. Die zweite Phase der Migration besteht aus dem physischen Prozess der Migration. Die dritte Phase der Migration besteht in der Absorption des Migranten in das soziale und kulturelle System des Aufnahmelandes (vgl. Han 2006: 44-60).

Der Einstieg ins Feld

Was bedeutet eine Migration bzw. Aussiedlung aus der Perspektive derjenigen, die sie vollziehen? Diese Frage beschäftigt zunehmend die Migrationsforschung. Bis jetzt ist zu beobachten, dass Untersuchungen zu (Spät)Aussiedler/innen meistens von den Angehörigen der Aufnahmegesellschaft durchgeführt wurden. Als Forscher/innen und Repräsentant/innen einer anderen Gesellschaft fürchtet man oft die Verschlossenheit und das Misstrauen von Seiten der Migrant/innen. Als Angehörige und Kennerinnen der Herkunftskultur unserer Gesprächpartner/innen erhofften wir uns mehr Offenheit und Bereitschaft ihrerseits und damit, wenn auch eine nicht unbedingt leichte, aber eine dennoch erfolgreiche Feldforschung. Mit dieser Hoffnung und der oben genannten Frage begannen wir unsere kleine Forschung.[3]

Den Ergebnissen unserer Forschung liegen empirische Daten zugrunde, die in vier Leitfadeninterviews gesammelt wurden. Beim Zugang zum Feld hat tatsächlich die eigene Herkunft der Forscherinnen eine Rolle gespielt und ihnen den Zugang erleichtert. Die ersten Kontakte haben sich aus dem Freundeskreis ergeben. Weitere Kontakte wurden durch das Schneeballprinzip hergestellt. Die Fragestellungen der Untersuchung beziehen sich auf vergangene wie aktuelle Geschehnisse im Leben der jungen Spätaussiedler/innen. Wir haben großen Wert auf die Wahrnehmung der eigenen Situation und die Bewertung der Protagonist/innen gelegt. Wichtig war es für uns, vor allem die subjektive Bedeutung von Lebensereignissen aufzuzeigen und dessen Folgen für die Identitätsbildung der Protagonist/innen festzustellen. Dadurch, dass der/die Erzählende die Möglichkeit bekommt, die Tatsachen und Ereignisse so darzustellen, wie er/sie sie sieht, erhalten wir einen Zugang zu den individuellen Erfahrungswelten der Erzählenden, die etwas über ihre Gegenwart und Vergangenheit und letztendlich etwas über ihre Identität aussagen.

Bei der Auswahl der Methode entschieden wir uns für das Leitfadeninterview. Nachdem wir die Protagonist/innen für unsere Interviews ausgewählt

3 Später konnte man aber feststellen, dass die gleiche Herkunft und die Zugehörigkeit zu derselben Kultur keine Garantie für die gelungenen, informationsreichen Interviews und für die folgende erfolgreiche Forschung sind. Die Sprach- und Kulturkenntnisse können in manchen Situationen von Vorteil sein und für eine bessere Verständigung sorgen. Im Falle der fehlenden Sprachkenntnisse bei Migrant/innen können sie auch eine Voraussetzung sein. Auch der Zugang zum Feld kann dadurch erleichtert werden. Es hat sich aber an unserem Beispiel gezeigt, dass vieles von der Persönlichkeit und dem Charakter der Gesprächpartner/innen abhängt, was und wie viel man bereit ist, zu erzählen.

und kontaktiert hatten, begannen wir unsere Direkterhebungen mit biographischen Interviews anhand eines zuvor entwickelten Leitfadens. Diese Methode erwies sich als ein geeignetes Mittel, um vergleichbare Informationen zu den von uns gestellten Fragekomplexen zu generieren. Allerdings haben wir je nach Situation einige Fragen ausgelassen und einige Fragen zusätzlich stellen müssen, so dass der Interviewvorgang zwar unserem Leitfaden „treu“ blieb, in der Struktur aber teilweise geändert war.

Um bereits gesammeltes Material zu ergänzen, wurde der Kontakt zu Personen aus dem Freundes- oder Bekanntenkreis von den Befragten hergestellt. Aus den Gesprächen mit diesen Personen erhielten wir eine große Zahl von – manchmal mehr, manchmal weniger hilfreichen – Hinweisen und Informationen, durch die wir unsere Informationsbasis erweitern und ein besseres Verständnis für die geschilderte Situation der Protagonist/innen gewinnen konnten.

Zur Ergänzung der lebensgeschichtlichen Erzählungen und der Interviewdaten waren auch eigene Beobachtungen von Bedeutung. So legten wir unser Augenmerk auf die Kleidung der Spätaussiedler/innen und ihre Kommunikation mit Dritten. Diese eigenen Beobachtungen sollten uns weitere Anhaltspunkte hinsichtlich der Selbstpositionierung zum äußeren Umfeld liefern. So kann die Art und Weise der Kleidung aussagen, wie sich die entsprechende Person in der Gesellschaft präsentiert, und ermöglicht ebenfalls Rückschlüsse über die Identität und den Grad der Integration des jeweiligen Gesellschaftsmitgliedes. Gleiches gilt für den Freundeskreis und das Verhalten der Migrant/innen.

Die jungen Spätaussiedler/innen, die einen Hochschulabschluss anstreben, erschienen uns als eine Gruppe, die besonders integrationsfähig ist und darüber hinaus auch am ehesten den ethnischen Besonderheiten des Aufnahmelandes Deutschland im Sinne eines Glaubens an eine gemeinsame Herkunft, Gemeinsamkeiten in der Kultur, Sprache und Sitten und eines bestimmten Zugehörigkeitsbewusstseins zur Aufnahmegesellschaft entspricht (vgl. Heckmann 1988: 21).

Unsere Zielgruppe sollte nach unserer Annahme keine bzw. geringe Probleme im Umgang mit der deutschen Sprache aufweisen und ferner in der Schulausbildung (Abitur) bzw. Hochschulausbildung weit fortgeschritten sein. Es wäre interessant zu prüfen, inwiefern diese Protagonist/innen, die häufig widerwillig nach Deutschland eingereist sind, sich als Deutsche positionieren und wie sich diese Positionierung in ihrer Assimilation widerspiegelt.

Auf den oben beschriebenen Annahmen basierend, haben wir vier Personen ausgewählt – Margarethe (26), Juri (24), Sergej (23) und Maximilian (25) – die bereits seit 12 bis 15 Jahren in Deutschland ihren festen Wohnsitz haben und im Alter zwischen 10 und 14 Jahren mit Ihrer Familie nach Deutschland eingewandert sind. Alle vier Personen studieren an Berliner Hochschulen und repräsentieren damit ein „Musterbeispiel" der erfolgreichen sozialen und sprachlichen Integration.

Im Folgenden werden die Erzählungen der oben genannten Protagonist/innen vorgestellt, in denen sie über ihre Kindheit in Russland bzw. in Ländern der ehemaligen Sowjetunion und über die Einreise nach Deutschland berichten. Weitere Themen sind die Umstände, unter denen ihre Familien nach Deutschland ausgewandert sind und wie sie dies als Kinder wahrgenommen haben, ihre persönlichen Erlebnisse und Erwartungen in der ersten Zeit in Deutschland, Schwierigkeiten, die sie zu bewältigen hatten, ihre jetzige Situation sowie auch ihre Erwartungen an das Leben. Wichtig war für uns die Stellungnahme seitens der Protagonist/innen zum Deutschsein in Russland und in Deutschland. Da die Interviewtexte für eine vollständige Veröffentlichung zu umfangreich sind und den Rahmen dieses Beitrages sprengen würden, wurden einige lange und detaillierte Passagen in Form paraphrasierter Zusammenfassungen in die Darstellung eingebaut. Vom Thema abweichende oder sich wiederholende Passagen wurden zum Teil ganz weggelassen. Grundsätzlich haben wir uns aber für die Präsentation vergleichsweise umfangreicher Teile des Originalmaterials entschieden.

Migrationswege nach Deutschland und Wege der Persönlichkeitsentwicklung

Auf den ersten Blick scheint die soziale und räumliche Verortung der integrationsfähigen jungen Spätaussiedler/innen eindeutig und unkompliziert zu sein. Der Logik zufolge sollten sie sich nach einer gewissen Zeit in die neue Gesellschaft ohne Probleme einbetten können. Tatsächlich aber ist der Prozess der Einbettung und sozialer Verortung nicht so unproblematisch wie er erscheinen mag. Wie differenziert und vielfältig sich die jungen Spätaussiedler/innen im Unterschied zueinander verorten, werden wir im Folgenden anhand des uns vorliegenden empirischen Materials zeigen.

„Das ist der Vorteil bei mir, dass ich sagen kann: ‚Gut, jetzt fühle ich mich als Deutscher, so bin ich auch Deutscher', andersrum genauso..." (Sergej, 23)

Es ist ein schöner Juni Samstagnachmittag. Wir haben uns mit Sergej zu einem Interview verabredet. Den Treffpunkt durfte er selbst auswählen, damit er sich wohl fühlt. Er hat sich für einen Grillplatz am Studentenwohnheim entschieden, da er seinen russischen Freund besuchen wollte, der in diesem Wohnheim wohnt. Wir warten sehr gespannt auf Sergej. Es ist das dritte Mal, dass wir ihn sehen. Kennen gelernt haben wir ihn einige Wochen vor dem Interview auf einem Konzert bei den Deutsch-Russischen Festtagen 2008. Er hat einen sehr offenen Eindruck hinterlassen und auch positiv auf den Vorschlag eines Interviews reagiert.

Sergej kommt pünktlich zum Treffpunkt. Er ist ein junger, gut aussehender Mann. Wenn wir ihn zufällig in der S-Bahn gesehen hätten, würden wir annehmen – seiner Haltung und Art sich zu kleiden nach zu urteilen – er sei ein „Deutscher ohne Migrationshintergrund". Er trägt Jeans, ein T-Shirt, ein Base-Cape und einen Diamantenohrring. Dem Kleidungsstil nach unterscheidet er sich von den deutschen Anfang Zwanzigjährigen aus Berlin wenig. Insgesamt wirkt sein ganzes Aussehen nicht dem deutschen Stil „künstlich" angepasst, was oft in Berlin-Marzahn zu beobachten ist, sondern Sergejs Kleidung gestaltet sich entsprechend seinem Lebensstil. Keine Spur vom „russischen Habitus" ist zu beobachten, zumindest unserer „russischen" Wahrnehmung nach. Er spricht akzentfreies Deutsch und auch Russisch. Unser Gespräch ist zweisprachig gelaufen, in der Interview-Situation hat Sergej deutsch gesprochen und meinte, es sei leichter für ihn seine Erfahrungen und Gedanken auf Deutsch zu äußern. In anderen Situationen kam es ab und zu auch zum Wortwechsel auf Russisch.

Sergej ist 1993 mit seiner Familie (Mutter, Vater, Schwester und Großmutter) aus Moldawien nach Deutschland gekommen. Er war damals 9 Jahre alt. Er erinnert sich sehr gern an die Reise, da sie für ihn ein großes Erlebnis war: *„Wir sind mit dem Flugzeug über Moskau nach Deutschland gekommen, und zwar sind wir von Moldawien, direkt von der Hauptstadt Kischenew, mit dem Zug erstmal nach Moskau gefahren und dort ein Tag lang geblieben und dann Flugzeug... Das war das erste Mal für mich das Flugzeug! Weiter nach Deutschland, nach Peitz sind wir zuerst gekommen".*

Warum seine Eltern sich für den Umzug nach Deutschland entschieden haben, weiß er nicht, er hat sich auch wenig damit befasst. Seine Mutter hat für einen Radiosender gearbeitet, sein Vater war ein Fabrikleiter. Sie gehörten also zur bürgerlichen wohlhabenden Mittelschicht. Später, nachdem das Diktiergerät ausgeschaltet war, erzählte er, dass die Leute einfach immer neidisch waren und immer, wenn es zu irgendwelchen Eskalationen kam, war es in der post-sowjetischen Zeit anfangs üblich, dass die Gehälter eine Zeit lang nicht ausgezahlt wurden. Häufig wurde seinen Eltern die Schuld zugeschrieben, weil sie die „wohlhabenden Deutschen" waren.

Die Reise selbst hat die Familie sehr kurzfristig geplant, *„das war eher spontan, es hat nicht lange gedauert, bis wir die Reise geplant haben, auf die Bearbeitung von unseren Anträgen haben wir 3 Jahre lang gewartet und dann ging es recht schnell mit der Reise, Tickets gekauft und los."* Sich von der Heimat und von den Freunden zu trennen fiel Sergej nicht schwer, er war eher auf das Neue gespannt: *„Ich habe mich sehr auf die Reise gefreut, es war wie gesagt was Neues, alle haben gesagt: ‚Deutschland ist was schönes, es ist überall sauber, da regnet's Geld vom Himmel.' Also das war eigentlich nicht schwierig Moldawien zu verlassen, das war recht einfach."*

Die Enttäuschung war dann relativ groß, als die Familie in Deutschland angekommen ist, denn es dauert ein Jahr, bis die Eltern eine Wohnung und Arbeit in Berlin gefunden haben. Von Peitz ist die Familie erst nach Oranienburg umgezogen und dort ein Jahr lang in einem Übergangslager geblieben, wo er erst einmal die Grundschule besuchte. Er wurde zwei Klassen zurückgestuft, von der 5. in die 3. Klasse. An diese Zeit erinnert er sich nicht gern, da er anfangs viele Probleme hatte: *„Ich war der einzige Russe in der Schule. Ich hab eigentlich geweint, weil ich nichts verstanden hab'. Es war recht schwierig."* Zu den Kindern fand er anfangs ebenfalls keinen Kontakt, da sie in den Pausen *„an ihren Stullen rumgekaut haben und Spielzeuge gespielt haben, das war ich gar nicht gewöhnt so und sie sind mir alle sehr klein erschienen"*.

In Berlin ging es aber bergauf. Die Eltern haben in Hellersdorf einen Job und auch eine Wohnung gefunden. In Berlin besuchte Sergej eine Grundschule und fand relativ schnell neue Freunde. In seiner ganzen Umgebung hat er keine russischen Freunde oder Bekannte. Bei uns wurde der Eindruck erweckt, als hätte er auch kein Bedürfnis, Freunde zu finden, die die gleiche Sprache sprechen: *„Da es in meiner neuen Schule sehr wenig Russen gab, und ich mit denen eigentlich gar nichts zu tun hatte, es waren vielleicht 5-6 Leute in der ganzen Schule, war's recht einfach, deutsche Freunde zu finden, also haben wir ständig Fußball zusammen gespielt, waren ständig unterwegs... Es war nicht so, dass ich sie besucht habe und sie mich besucht haben, wir waren aber wie gesagt viel draußen, die Schulzeit hat auch geprägt... Das ging recht schnell und recht einfach, die Kinder finden ja schnell eine gemeinsame Sprache."*

Zu den alten russischen Freunden in Moldau verbleibt weiterhin ein sporadischer Kontakt, weil die Familie in der ersten Zeit fast jedes Jahr nach Moldawien geflogen ist. Er hat jedoch kein Heimweh gehabt und die Freunde auch nicht vermisst.

Wie man sieht, hat Sergej relativ schnell den Bezug zum Herkunftsland verloren, er äußert sich konsequent im Hinblick auf seine alte Heimat und will sie nicht noch mal besuchen: *„Ich fahr' jetzt nicht mehr nach Hause... ich will auch gar nicht mehr... mir geht es hier gut! So!"*

Das Nach-Hause-Fahren von Sergej klingt auch komisch im Zusammenhang mit seiner Einstellung. Wir fragten uns, wie eine solche Einstellung entstehen konnte? Einerseits hat er sich die russische Sprache bewahrt und auch Moldawien immer noch als sein Zuhause bezeichnet, will aber andererseits keine Berührungen mehr damit haben. Eine solche Einstellung finden wir auch bei einigen anderen Protagonist/innen.

Im Moment studiert Sergej Betriebswirtschaftslehre an einer Berliner Hochschule, jobbt nebenbei in einem Objektservice und hofft, in 1,5 Jahren mit dem Studium fertig zu sein. Seine Pläne nach dem Studium haben noch keine festen Umrisse, er will aber auf jeden Fall *„erstmal irgendwohin, in einen englischsprachigen Raum, so ein Jahr arbeiten irgendwo. Also ich will auf jeden Fall nicht in Deutschland bleiben. Ich will die Welt kennen lernen... Ich sage nicht, dass ich nicht zurückkommen will, ich will aber erstmal Deutschland nach dem Studium verlassen, für ein Jahr mindestens."* Auf unsere Frage, ob er sich beruflich in einem russischsprachigen Raum sich vorstellen könne, wehrt er sich heftig und sagt: *„Nach Russland will ich nicht! Auf keinen Fall. Nach Moldawien will ich nicht, überhaupt in den ganzen ehemaligen post-sowjetischen Raum will ich nicht, kein Bedürfnis!"* Zum ersten Mal erleben wir von ihm einen ziemlich emotionalen Ausbruch und hören auch ein schrilles „Nein" in seinen Worten. Wir bitten ihn, das zu erklären. Es mag wohl daran liegen, dass er einfach die neuen Länder und neuen Kulturen kennen lernen will und was in Moldawien und Russland passiert, hat er schon damals gesehen und möchte das nicht noch mal erleben: *„Es ist nicht einfach, die Armut zu sehen und die ganzen armen Leute dort zu sehen, das ist überall nicht einfach, aber das kenne ich alles dort und will das nicht sehen!"*

Seine Herkunft will er aber nicht vertuschen und komplett „deutsch" werden, er hat heute sowohl deutsche als auch russische Freunde und amüsiert sich gerne mit ihnen, wohl aber auf unterschiedliche Art und Weise: *„Ich hab' meine deutschen Abende, wo ich nur meine deutschen Kumpels einlade und ich hab' die russischen Abende, wo ich nur die russischen Freunde einlade... Es geht auch zusammen. Vereinzelt. Aber da muss ich mir aussuchen, also der, der wenig deutsch spricht... - es hat kein Sinn, ihn zu unserem Abend dann einzuladen oder der unsere Interessen nicht vertritt... Also es hat keinen Sinn einen Russen zu unserem Pokerabend einzuladen, wo fast nur Deutsche da sitzen, das wird sehr schwierig sein."*

Sergej hat unterschiedliche Verhaltensstrategien in seinem Freundeskreis. Er differenziert zwischen den deutschen und russischen Freunden und möchte sie nicht mischen, um eventuelle Missverständnisse und Konflikte zu vermeiden. So scheint es zumindest: *„Mit den russischen Freunden sitzen wir normalerweise da, trinken, essen, unterhalten uns, (er überlegt kurz) kein Pokerspielen, eventuell Gitarre* *spielen und ein bisschen singen"*. Früher ging er auch sehr oft in die russischen Diskotheken und war viel von russischer Kultur umgeben. Sobald er aber gemerkt hat, dass er durch das häufige Russischsprechen sein Deutsch vernachlässigte und wieder mit Akzent und Fehlern sprach, hat er in die Situation eingegriffen und ist wieder zur deutschen Gesellschaft „zurückgekehrt".

Es gab Zeiten, da war es nicht einfach für Sergej. Er spricht jedoch sehr nüchtern von seinen Integrationsproblemen, die er zu Beginn hatte, was uns sehr überrascht: *„Ich denke jeder Ausländer oder Aussiedler, der nach Deutschland kommt, hat immer Integrationsprobleme, das hatten wir auch und das war schwierig. Ich habe am Anfang die Deutschen gehasst, ich hab' ihre Mentalität gehasst, ich war auch mit einem deutschen Mädchen zusammen, das war nicht einfach. Die Mentalitäten sind schon verschieden. [...] Jetzt habe ich keine Probleme damit, ich weiß, wie ich mit Deutschen umzugehen hab, ich weiß, wie ich ihre Scherze verstehen soll und früher war's halt nicht so."*

Außerhalb der Interview-Situation erzählt er uns auf Russisch, dass er sich in seiner Schulzeit immer für die Russ/innen „stark gemacht" hat und sich verpflichtet sah, sie zu verteidigen. Er sah sich verpflichtet, mit den Klischees zu kämpfen, die die deutschen Schulkamerad/innen mit Russ/innen in Verbindung brachten, manchmal sogar mit physischer Gewalt, aber nur dann wenn es nötig erschien, so Sergej.

Was den Fall von Sergej von anderen unserer Protagonisten unterscheidet, ihn somit interessant und auch unserer Wahrnehmung nach einzigartig macht, ist, dass er seine Identität sehr bewusst auswählt und sich bewusst und der Situation entsprechend als Russe oder als Deutscher positioniert. Sein Leben zwischen den zwei Welten scheint er sehr bewusst wahrzunehmen und auch zu seinem Vorteil zu nutzen: *„Das ist der Vorteil bei uns [Spätaussiedlern, die Verf.] zum Beispiel, dass ich ... wenn ich mich halt mit meinem deutschen Freund treffe und ein Neuer zukommt und mich fragt ‚Na ja, ist komisch, du heißt Sergej, bist du Deutscher?' – und also das ist der Vorteil bei mir, dass ich sagen kann ‚Gut, jetzt fühle ich mich als Deutscher, so bin ich auch Deutscher' und andersrum genauso. Also manchmal auch als Russe, da kann ich auch sagen ‚Ich bin Russe', weil ich kann sowohl Deutsch als auch Russisch einwandfrei sprechen"*.

„Ich komme aus der Sowjetunion ..." (Maximilian, 25)

Am 21.06.2008 trafen wir uns mit unserem zweiten Gesprächpartner, Maximilian, in einem Studentenwohnheim in Biesdorf (Bezirk Marzahn-Hellersdorf, Berlin). Uns an diesem Ort zu treffen, war seine Entscheidung. Er kennt sich in dieser Umgebung gut aus. Und dass er sich an diesem Treffpunkt wohl fühlte, konnte man sofort an seiner sicheren und offenen Haltung ablesen. Das Studentenwohnheim in Biesdorf wählte er aus dem Grund aus, dass dort seine Freunde wohnen und er hier oft zu Besuch ist. Außerdem liegt direkt gegenüber das ehemalige Übergangslager, wo er seine Freunde kennen gelernt hat und eine Weile mit seiner Familie gewohnt hat. Dieses Übergangslager wollte er uns auch zeigen.

Ein junger Mann, 25 Jahre alt, ziemlich selbstsicher und fröhlich, kommt pünktlich zu unserer Verabredung. Zur Seite gekämmte Haare, klassische braune Schuhe mit der langen, ein bisschen nach oben gebogenen Spitze, ein goldenes Armband und ein rotes T-Shirt mit darauf stehenden vier Buchstaben „CCCP“ (auf Deutsch UdSSR) stechen direkt ins Auge. Man braucht hier kein Experte zu sein, um ihn als „Nicht-Deutschen“ zu identifizieren. Entsprechend unserer „russischen“ Wahrnehmung erkennen wir direkt den „russischen Habitus“. Die Schuhe mit der langen, etwas nach oben gebogenen Spitze waren noch vor fünf/sechs Jahren in Russland Mode und würden heute als altmodisch bezeichnet werden. Zur Seite gekämmte Haare und der goldene Schmuck sind noch heutzutage ein typisches Attribut eines russischen Mannes. Ein rotes, die ehemalige Sowjetunion repräsentierendes T-Shirt hinterlässt auf uns zuerst einen witzigen Eindruck, danach jedoch stimmt es uns nachdenklich. Stolz sagt er über sein T-Shirt, als er unsere Reaktion merkt, es sei sein Lieblingsstück, er habe es auch im Rausch des EM-Spieles und auch speziell für den heutigen Anlass – d. h. für unser Interview – angezogen.

Bei der ersten Begegnung antwortete Maximilian auf die Frage nach seiner Herkunft: *„Aus der Sowjetunion.“* Um genauer zu sein, ist er 1993 mit seiner Familie aus Kasachstan nach Deutschland gekommen. Maximilian selbst ist wie seine Eltern in Kasachstan geboren. Er spricht zwar kein fehler- und akzentfreies Deutsch, hat aber ziemlich geringe Probleme mit der Sprache und kann sich gut und verständlich ausdrücken. Das Interview wird auf Deutsch geführt. Er fängt direkt an, uns detailliert über die Reise zu erzählen. Er war damals 10 Jahre alt. Das Erstaunliche an seiner Erzählung ist, dass er sich an viele Details sehr gut erinnert und sich mit den juristischen Aspekten der Übersiedlung sehr gut auskennt.

Als Kind erlebt er ebenfalls schwierige Zeiten. Seine Familie hat zwei Jahre gebraucht, bis sie schließlich ausreisen konnte. Sie erhofften sich die Hilfe der Verwandten, die schon hier waren, *„aber es hat nicht funktioniert, mit den Verwandten, weil damals war alles irgendwie mit Neid verbunden.“* Sie sind aus Kasachstan über Moskau nach Frankfurt am Main geflogen und wurden dann in eine kleine Stadt bei Stuttgart gebracht. Dort blieben sie vier Tage in einem Aufnahmelager. Danach haben sie weitere zwei Wochen im Aufnahmelager Marienfelde in Berlin verbracht, bis sie für ein Jahr lang in ein Übergangslager in Biesdorf eingezogen sind. Nach diesem Jahr hat seine Familie eine Wohnung bekommen. In Berlin ging er zur Schule, wo er aber die Förderklasse besuchte, ohne den Kontakt zu den deutschen Kindern zu haben, da es in dieser Klasse keine gab. Von dieser Zeit erzählt er automatisch in der Pluralform, mit „wir" meinte er alle anderen Kinder, die damals, wie er, noch zu den „Ausländer/innen" zählten. Zu dieser Zeit konnte er noch kein Deutsch. Nach einer sehr detaillierten Erzählung über die Aus- und Einreise bekommen wir zum ersten Mal seinen persönlichen Eindruck über diese Zeit: *„Es war nicht einfach, aber das ging. Die erste Zeit wollte man natürlich wieder nach Hause, weil es alles neu war..."* Der Vergleich mit den anderen Gesprächpartner/innen zeigte uns später, dass „das Neue" bei jedem/jeder anders ankommt. Einige freuten sich auf das Neue, andere litten unter Heimweh. Aber eine Begeisterung, wie bei vielen, die als Kind aus der UdSSR nach Deutschland gekommen sind, gab es am Anfang doch: *„Wenn man nach Frankfurt am Main angekommen ist, dann hat man die Rolltreppe gesehen, es war wirklich unglaublich! Hat alles geleuchtet... Die ganzen Bananen, Snickers, Mars (lacht)."* Das schöne Gefühl, viel mehr zu haben, als man früher hatte, ist bei allen gleich bemerkbar. Danach, wieder bei allen ähnlich, weicht die Anfangsfreude der Enttäuschung. Interessant zu vergleichen ist, ob man hier doch eine neue Heimat findet trotz aller Schwierigkeiten und Enttäuschungen. Unsere Forschung hat gezeigt, dass es von Fall zu Fall unterschiedlich ist.

Maximilians Freundeskreis besteht fast ausschließlich aus Russ/innen. Die meisten von ihnen hat er noch im Übergangslager kennen gelernt und sie sind bis heute seine besten Freund/innen geblieben. Deutsche Freund/innen hat er keine: *„Weil sie... nicht so verschieden...aber anders sind. Denen kann man nicht so vertrauen. Ich finde, zum Beispiel, keine gemeinsame Sprache. Wenn wir zusammen sitzen, [...] die Witze verstehen sie nicht. Sie haben ein anderes Leben [...]."* Dabei fing er plötzlich an zu stottern, wiederholte sich und überlegte lange, was er sagen sollte. Danach fügt er noch hinzu: *„Es [die Freundschaft mit Deutschen] hat mir nicht gefehlt und fehlt mir jetzt auch nicht."* Wir haben uns gefragt, woher wohl dieses Misstrauen, die starke Abgrenzung und Abneigung kommen. Er betont das Anderssein, er lebt nicht IHR Leben, und das trotz der 15 Jahre, die er in Deutschland lebt. Spielen hier vielleicht andere Einflüsse eine Rolle? Maximilian wohnt noch bei seinen Eltern, ausziehen will er noch nicht. Es gefällt ihm so, wie es ist, er fühlt sich wohl in dieser Lebenssituation. Seine Eltern kennen wir von Maximilians Geburtstagsfeier: Beide sprechen fast kein Deutsch, bewahren die russischen Traditionen sehr stark, kochen nach russischen Rezepten und feiern auf russische Weise. Da wir die Möglichkeit hatten, Maximilian außerhalb dieser Forschung näher kennen zu lernen, können wir sagen, was für einen starken Einfluss seine Familie auf ihn hat. Ein Beispiel hierzu: Es ist Maximilians Geburtstag und wir sind auch dabei. Es sind weitere dreißig Leute eingeladen. Ein großer Tisch steht in der Mitte, auf dem sich viel Essen und viele Getränke befinden, natürlich typisch Russisches, vorbereitet von seiner Mutter und Schwester: Es wird für alle reichen und es kann danach noch mit nach Hause genommen werden. Die meisten Gäste sind russischsprachig, außer einem Gast, dem Deutschen, den Maximilian noch von der Schule kennt. Ein bisschen später gratuliert der Vater seinem Sohn. Er hält eine ziemlich lange Rede und benutzt dabei viele russische Trinksprüche, die beim Feiern in Russland sehr beliebt sind. Es wird nur auf Russisch gesprochen. Maximilian bekommt von seinem Vater eine schwere goldene Handkette geschenkt. Gold hat in Russland und im ganzen post-sowjetischen Raum einen sehr großen Wert. Eine goldene Kette, geschenkt zum Geburtstag, bedeutet viel: Respekt, Liebe und Anerkennung. Das Geburtstagskind ist begeistert und überglücklich. Alles ist genau so, wie er es sich vorgestellt hat. Eine große Party, viele Leute, Eltern, Verwandte, Freunde, alle zusammen, viel Essen, erwünschte Geschenke. Und alles auf russische Art und Weise!

Darauf basierend, nehmen wir an, dass der „russische" Einfluss seiner Eltern sich in seinem Kleidungsstil, seinem Verhalten, seiner Auswahl der Freunde, seiner Selbsteinstellung und seinem Anderssein widerspiegelt. Dies könnte von der Gesellschaft wahrscheinlich als Abgrenzung, Anpassungsunfähigkeit oder misslungene Integration bewertet werden, wobei Maximilian selbst es nicht so sieht. Das davor von ihm erwähnte Misstrauen, die bewusste Unterscheidung und Abgrenzung scheinen an einem Punkt keine Erklärung für die mangelnde Beziehung zu den Deutschen, sondern eher eine Gegenreaktion, zu sein:

„Meistens, nein, nicht meistens, NUR, wenn ich in die Diskotheken gehe, dann gehe ich NUR in die russischen Diskotheken. Deutsche Diskos mag ich nicht. Ich brauche die russische Musik." – „Warum gefallen dir die deutschen Diskotheken nicht?" – „Anderes Publikum, andere Menschen. Nicht das, was ich mir vorstelle. Nicht meins! [...] Aber das ist mein Prinzip, dass ich jetzt nur russische Musik höre."

Es wird an vielen Beispielen immer anschaulicher, dass die Aufnahmegesellschaft bzw. gesellschaftliche Akzeptanz, Abneigung oder sozialgesellschaftliches Verhältnis für das Bewusstsein, Sicherheitsgefühl und Selbstvertrauen eine sehr große Rolle spielen. Wie positioniert man sich aber dennoch so in einer „fremden" Gesellschaft, ohne dass das Gefühl aufkommt, fremd und ausgegrenzt zu sein? Maximilian studiert im Moment an der Berliner Fachhochschule für Verwaltung und Rechtspflege und absolviert gleichzeitig ein Praktikum im Ordnungsamt. Er ist der einzige „Ausländer" dort und nach eigener Aussage ist es egal, ob man ein Deutscher oder Ausländer ist, das wichtigste ist *„wie du dich zeigst"*. Er erzählt uns, dass er auch bei der Arbeit im Ordnungsamt russische Musik hört und sogar Poster mit russischen und kasachischen Fußballmannschaften an die Wand geklebt hat. Die Kollegen sagen nichts dazu. Auf die Frage nach seinem größten Erfolg, an den er sich immer noch erinnern kann, antwortete er: *„Abitur"*. Er hat keine gute Durchschnittsnote, aber dafür, dass er *„so schlecht"* angefangen hat und das Studium hinschmeißen wollte, ist er stolz darauf, dass er es geschafft hat. Für seine Zukunft hat er schon bestimmte Pläne. Nach dem Bachelor will er mit dem Master sein Studium fortsetzen und anschließend möchte er beim Bundeskriminalamt arbeiten. Seine Chancen sieht er positiv. Im Landessamt will er nicht arbeiten, *„weil man im Landesamt verdient weniger. Man studiert, um dann später mehr zu verdienen."* Wie man sieht, sind es vielleicht diese kleinen Erfolge, die für eine gelungene Eingliederung sorgen. Auch wenn es kein abgeschlossener, erfolgreicher Prozess der Absorption aus der Sicht der absorbierenden Gesellschaft ist, wird es aus der Perspektive des Migranten als ein Erfolg und als Integration betrachtet.

Maximilian kann sich auch gut vorstellen, für eine bestimmte, jedoch keine lange Zeit, wieder nach Russland zu gehen: *„Eigentlich nur was mit dem Russischen zu tun hat [...] Weil ich wohne hier schon seit fast 16 Jahren, und je länger man hier wohnt, desto mehr denkt man daran, desto mehr will man auch hin fahren."* Zurück nach Kasachstan will er eigentlich nicht, aus dem Grund, dass *„es ist da schon anders als früher war. Das ist jetzt nicht mehr die Sowjetunion. [...] Andere Gesetze, andere Sitten, sozusagen. Da müsste man auch kasachisch können, wenn man da in irgendeinem Amt arbeiten wollte, müsste Beziehungen haben. Da ist es so. Wenn ich das bei meinen Verwandten sehe, würde ich da jetzt nicht leben wollen."* Er hat zwar noch einen sehr starken Bezug zu seinem Herkunftsland und zur russischen Kultur, bevorzugt es aber, in Deutschland zu bleiben. Aber auch bezüglich Deutschland sieht er Vor- und Nachteile: Er kritisiert einerseits die deutsche bürokratische und sozial-finanzielle Seite, sieht aber andererseits die Verbesserungen auf der sozial-kulturellen Seite. Er sieht die Unterschiede zwischen Russland bzw. Kasachstan und Deutschland und weiß, dass er alle Rechte hat, in Deutschland zu leben und ein vollwertiges Mitglied der Gesellschaft zu sein. Ihm zufolge ist es oft selbstverständlich, dass man in Russland/Kasachstan studieren und nebenbei arbeiten muss, weil man vom Staat sehr wenig Geld bekommt. Was die Gesellschaft betrifft, sei es jetzt besser geworden, behauptet Maximilian. Die Leute haben verstanden, dass in Deutschland auch Spätaussiedler/innen wohnen. Er erzählt uns, dass es in Ost-Berlin früher fast keine Ausländer gab, und er hat das noch selbst in der Schule gespürt, als russische Kinder sich mit den deutschen oft geprügelt haben. Da solche Vorfälle auch bei unseren anderen Gesprächpartner/innen vorkamen, fragten wir uns, ob dieser Verteidigungszwang bei der späteren gesellschaftlichen Durchsetzung auch eine Rolle gespielt hat. Jedenfalls haben wir anhand unseres empirischen Materials gesehen, dass man sich entweder in die neue Gesellschaft einbetten lassen muss oder man „schwebt“ zwischen zwei Gesellschaften und Kulturen und nimmt sich das Beste aus beiden.

Zum Schluss kommen wir noch mal zur vorher erwähnten Frage des Zugehörigkeitsgefühls. Einer, der sich bei der ersten Begegnung „sowjetisch“ beschrieben hat und sich sehr selbstsicher präsentierte (das T-Shirt), wirkt jetzt nachdenklicher und vorsichtiger. Nachdem wir ihn noch mal gefragt haben, wie er sich eher bezeichnen würde, kam eine schnelle und kurze Antwort: *„Als Russe.“* Nach ein Paar Sekunden entschuldigt er sich und antwortet uns:

„Laut der Papiere bin ich eigentlich Deutsch-Moldawier. [...] Jetzt kann man sich aussuchen, was man möchte.“ – *„Was hast du dir ausgesucht?“* fragen wir nach. *„Ich weiß nicht... hier bin ich quasi aufgewachsen, Deutscher bin ich schon. Aber Russe... ich bin zwar Russe, aber kein Rossijanin, näh, kein Russländer. Ich bin aus Kasachstan. So fühle ich mich ja.“* Dass man sich nicht eindeutig bezeichnen kann und nicht will, ist sehr verständlich. Es ist immer schwierig, für einige deprimierend und oft eigentlich unwichtig, sich mit dieser Frage zu beschäftigen. Interessant war aber zu sehen, wie flexibel eine Selbstbezeichnung sein kann. Dass Maximilian sich am Anfang ganz spontan als einen Russen aus der UdSSR definierte, es danach aber widerrief, hängt vielleicht durch die zu häufige oder fast ausschließliche Kommunikation mit den „Russen“ zusammen. Dieses Beispiel hat aber gezeigt, wie differenziert und vielfältig die „Verortung“ eines Individuums sein kann, ohne dass das Individuum es selbst versteht.

„Ich bin ein Berliner!“ (Juri, 24)

Café „Chagall“, wir sitzen draußen und warten auf Juri, er kommt etwas verspätet mit seiner polnischen Freundin. Wir möchten uns einen ruhigen Platz aussuchen und gehen an der Humboldt-Universität in das nahe liegende Institut für Sozialwissenschaften.

Juri ist ein sehr intelligenter, gut aussehender junger Mann. Er wirkt auf uns „neutral“ und ist nicht durch bestimmte Kleidungsteile oder sonst irgendeine Haltung auffällig. Erst wenn er anfängt Deutsch zu sprechen, merkt man ihm seine Herkunft an. Er hat nämlich immer noch einen sehr starken russischen Akzent und sieht das manchmal als Problem, aber seine Russischkenntnisse auf dem Niveau eines Muttersprachlers betrachtet er als einen Vorteil für sein späteres berufliches Leben. Allgemein war Juri ein komplizierter und unkomplizierter Redepartner zugleich. Einerseits reagierte er immer sehr offen auf unsere Fragen, andererseits mussten wir häufig mit sehr knappen Antworten umgehen, so dass immer wieder Nachfragebedarf entstand. Meistens hat er alles sehr positiv beschrieben, ohne große Emotionen, die bei den anderen Protagonist/innen mehr zu spüren waren.

Er ist mit seiner Familie, bestehend aus neun Personen (zwei Verwandte sind ein Jahr später nachgekommen), 1996 mit 13 Jahren aus der kleinen russischen Stadt Meshduretschensk nicht weit von Kemerov nach Deutschland gekommen. Die Familie hat die Reise sechs Jahre lang geplant. Juris Eltern haben nach der Wende ihre Verwandten in Deutschland kontaktiert, die bereits 1936 nach Deutschland eingereist waren. Damals, vor dem 2. Weltkrieg, gab es noch die Möglichkeit, die Sowjetunion zu verlassen. Man hielt nach dem Krieg auch anfangs noch ein wenig Kontakt, der aber mit der Zeit abbrach, weil die starken staatlichen Einschränkungen keine Möglichkeit zum weiteren Kontakt gelassen haben. Nach der Wende haben die Verwandten hier in Deutschland Juris Familie bei der Einreise geholfen.

Jetzt ist die Familie schon seit zwölf Jahren in Deutschland und wohnt fast von Anfang an in Berlin. Der Weg ging erst einmal über das Aufnahmelager Marienfelde (zwei Wochen sind sie dort geblieben) und danach über ein Übergangslager, wo die Familie über ein Jahr blieb. Die Reise hat bei Juri einen großen und auch positiven Eindruck hinterlassen: *„Das war sehr beeindruckend, weil ich selber aus einer kleineren Stadt komme... Das war die neue Kultur, was ganz außergewöhnliches, und ich war nie zuvor im Ausland“.*

Über seinen persönlichen Wunsch, nach Deutschland zu kommen, sagt Juri: *„Das war eigentlich von den Eltern entschieden, ich war aber auch mit der Zeit überzeugt von den Eltern...“.* Wir merken bei ihm kaum Unzufriedenheit, er sieht alles nicht so dramatisch, wobei er seine Freunde in Russland nicht gerne verlassen wollte und bleibt heute immer noch übers Internet in Kontakt mit ihnen: *„Zu Hause war ich schon lange nicht mehr, aber dank dem Internet können wir immer noch was von einander erfahren. Die Freundschaft ist allerdings jetzt nicht mehr so eng, eher könnte ich das als Bekanntschaft bezeichnen."* Dies wundert uns sehr, weil Juri eigentlich der einzige Interview-Partner ist, der trotz seiner langen Abwesenheit immer noch einen Kontakt zu seinen alten Freunden „nach Hause" pflegt.

Als er seine erste Zeit in Berlin beschreibt, hören wir von ihm eigentlich kein Wort über die Schwierigkeiten, die er beispielsweise in der Schule hatte. Alles scheint wirklich ziemlich reibungslos und positiv verlaufen zu sein: *„Es gab viele Jugendliche in unserem Wohnheim, das sind die jugendlichen Spätaussiedler gewesen, auch Flüchtlinge aus ehemaligen Jugoslawien und viele andere mehr. Es waren Ferien in Berlin und wir haben den Sprachkurs, von Europa-Schule eingerichtet, besucht und sonst in der freien Zeit viel durch Berlin gebummelt, Sehenswürdigkeiten gesehen, also die Stadt kennen gelernt".*

Als wir ihn nach organisatorischen Problemen fragten, ob er sich daran erinnern könne, dass seine Familie solche gehabt hätte, sagt er: *„Eigentlich nicht... vielleicht hatten wir welche, aber nichts gravierendes, ich habe zumindest nichts mitbekommen..."*

Wie es bei den meisten Kindern der Fall war, musste Juri auch um eine Klasse in der Grundschule zurückgestuft werden, es war allerdings die Entscheidung seiner Eltern, damit er sich besser umorientieren konnte und nebenbei die Sprache lernte. In der Klasse gab es weitere fünf Spätaussiedler, mit denen er gemeinsam zusätzlichen Sprachunterricht hatte.

Deutsche Freunde bekommt er ein Jahr später im Gymnasium: *„Ich hatte ein paar deutsche Freunde, aber mehr Ausländer oder mit dem russischen Hintergrund".* Insgesamt sagt er, als wir ihn fragten ob er Anfangs vielleicht zurück wollte: *„Eigentlich nicht... man hatte vielleicht Sehnsucht, aber nicht so, dass man unbedingt zurück wollte. Und das hier, war das die große Stadt und man hatte immer was zu tun..."* Gegenwärtig hat Juri russische, polnische und auch ein paar deutsche Freunde, die noch von der Schulzeit geblieben sind. Er hat aber keine Ansprüche bezüglich seiner Freizeitgestaltung und betont mehrmals, dass er sehr offen ist: *„Es ist nicht prinzipiell, wohin ausgehen. Ich bin eigentlich für alles offen, mir ist es egal wohin, Hauptsache wir haben unseren Spaß."*

Juri studiert Betriebswirtschaftslehre an der Technischen Universität Berlin und ist im 8. Semester, *„im achten Kurs"*, sagt er auf russische Art, weil man in Russland nicht nach Semestern das Studium bezeichnet, sondern nach Studienjahren oder Kursen. Nach dem Studium hat er auch schon sehr konkrete berufliche Vorstellungen. Er möchte im Logistikbereich arbeiten und er plant, nach Hamburg umzuziehen und dort im Schiffbaubereich zu arbeiten: *„Ich denke, ich habe Chancen dort"*. Er sieht aber auch die anderen Möglichkeiten und schließt die Möglichkeit nicht aus, seine Russischkenntnisse zu nutzen.

Nun kommen wir zu unserer Lieblingsfrage und fragen ihn nach seiner Nationalität, er muss etwas überlegen und sagt schließlich: *„Eigentlich... mehr zu russischer Nationalität [zugehörig]... Aber weil ich in Berlin wohne, also das ist so, man merkt nicht, dass man irgendwie ausgegrenzt ist, ich fühle mich nicht ausgesondert, ich fühle mich frei... Ich fühle mich als Berliner also (lächelt)"*. Als Russe in Russland kann er sich nicht mehr vorstellen: *„Ich glaube das wird schwierig sein, wegen Mentalitäten und wegen anderer Lebensweise"*, sagt er uns und fügt hinzu: *„Soweit ich das einschätzen kann"*. Er kritisiert Deutschland nicht, wie es die anderen unserer Protagonist/innen machen, er sagt nur: *„Es gibt vielleicht paar Sachen, die mir nicht so gefallen, das liegt aber wohl an meiner eigenen Einstellung"*.

Das war also der einfachste und gleichzeitig der komplizierteste Fall eines jungen Spätaussiedlers, der sich eigentlich in keine Kategorie einordnen lässt und seine Identität nicht mehr nach seiner Nationalität baut wie es bei Maximilian oder Sergej zu bemerken ist, sondern die beiden Kulturen so wahrnimmt, wie sie sind und sich eine neue daraus gestaltet. Ist er das Beispiel für eine diverse Identität?

„Ich muss noch sagen, dass ich mich jetzt schon selbst integriert habe." (Margarethe, 26)

An einem Juli-Tag verabredeten wir uns zum letzten Interviewtreffen, diesmal mit einer jungen Frau, Margarethe. Wir waren besonders aufgeregt und warteten fast ungeduldig auf das Gespräch. Nach drei sehr unterschiedlichen Interviews mit drei jungen Männern waren wir sehr neugierig, was uns eine russlanddeutsche Spätaussiedlerin erzählen würde.

Eine sehr charmante, junge Frau stand vor uns und war bereit, uns ihre Geschichte zu erzählen. Der „russische Habitus" ist nicht direkt auf den ersten Blick zu erkennen. Keine besonderen, „typisch" russischen Attribute, nicht zu viel, nicht zu wenig Make-Up oder Schmuck. Sie machte nur einen sehr gepflegten Eindruck. Alles stimmte: vom Stil, von den Farben, vom allgemeinen Aussehen. Nur die von ihr mitgebrachten Biskuits verraten uns, dass sie einen russischen Hintergrund hat. Mit leeren Händen geht man nicht andere Leute zu Hause besuchen – das lernt man als Kind in Russland. Während der Tee vorbereitet wird, fragt sie uns mit leiser Stimme, was für Fragen wir stellen werden und was wir eigentlich wissen möchten. Bei der Verabredung haben wir natürlich kurz unser Projekt und unser Forschungsinteresse vorgestellt, viel haben wir aber vor dem Gespräch nicht verraten. Wir wollten keine zuvor vorbereiteten und überlegten Antworten. Erste, spontane Aussagen sind in der Regel die wahrsten. Man merkt, dass sie ein bisschen angespannt ist. Mit Tee, Biskuits und Smalltalk wird die Atmosphäre entspannter und wir beginnen unser Interview.

Margarethe ist am 3. Oktober 1994 mit ihrer Mutter und Schwester aus Russland nach Deutschland gekommen. *„Das war ein Abenteuer!"* – teilt sie uns gleich am Anfang ihren ersten emotionalen Gedanken über die Reise mit. Dass es nicht einfach sein würde und dass sie stark sein mussten, wusste sie schon. Sie war damals 12 Jahre alt, kann sich aber an viele, auch kleine, Ereignisse erinnern. Vor der Reise nach Deutschland haben sie die Wohnung und alle anderen Sachen entweder verkauft oder verschenkt: *„Wir wussten, dass wir nie wieder zurückfliegen würden. Und wir wussten überhaupt nicht, was uns dort erwartet."*

Die Reise hat sie sich zwar abenteuerlich vorgestellt, war aber traurig ihre Heimat, Verwandte und Freunde zu verlassen. Aus Vorsicht erzählten sie den Freunden und Bekannten am Anfang nichts über den Verkauf der Wohnung und ihre Reisepläne.

Manchmal macht sie eine Pause. Wir stellen keine Fragen. Man merkt, sie braucht ein bisschen Zeit, nachzudenken oder sich an etwas zu erinnern. Mit der Sprache hat sie keine Schwierigkeiten, obwohl sie einen leichten Akzent hat. Das Interview wird wie alle anderen auch auf Deutsch geführt. Sie erzählt viel, aber wir merken, dass sie im Unterschied zu unseren anderen Gesprächpartnern viel vorsichtiger ist. Sie spricht langsam und leise. Keine schnellen, spontanen Antworten. Vielleicht liegt es an ihrem Charakter, vielleicht an ihrer Erfahrung. Nach einer kurzen Pause, fährt sie mit ihrer Erzählung fort.

In der fünften Klasse in Russland hat sie angefangen, Deutsch zu lernen. Probleme mit dem Deutschsein hatte sie in Russland keine. Nur einmal wurde sie von einem Mitschüler als „Faschistin" beschimpft. Sie vermutet aber, dass er in diesem Alter die richtige Bedeutung des Wortes noch nicht kannte, deswegen hat es sie auch nicht verletzt. Ansonsten war die deutsche Kultur in ihrer Kindheit ziemlich präsent. Ihre Mutter kam aus einem Dorf, wo viele

Deutsche lebten. Erst nach dem Umzug in die Stadt hatte sie weniger mit der deutschen Kultur zu tun. Nur jedes Mal als sie zu Besuch zu ihrer Großmutter fuhr, wurde sie damit konfrontiert. Margarethe erzählt uns, dass ihre Großmutter Russisch noch mit einem Akzent sprach. Mit ihrer Mutter und dem Großvater kommunizierte sie auf Deutsch. Auch deutsche Lieder, Gerichte und Weihnachten nach deutscher Tradition hat Margarethe dank ihrer Großmutter kennen gelernt. Von unseren Gesprächpartner/innen ist sie die einzige, die so viel Berührung mit der deutschen Kultur hatte und diesen Einfluss merkt man auch. Wenn sie heute kocht oder feiert, wird alles nach deutschen Rezepten und Traditionen gemacht. Sie legt nicht mehr so viel Wert auf russische Feiertage und Sitten, die in den Erzählungen der anderen Protagonisten eine große Rolle spielten.

Zurück zur Einreise nach Deutschland. Sie und ihre Familie wurden im Flughafen in Hannover von ihren Bekannten abgeholt. Margarethe erinnert sich, wie sie von ihnen eine Aldi-Tüte mit Lebensmitteln bekommen haben und in den Bus gesetzt wurden. Da begann ein sehr langer Weg für sie, von einem zum anderen Ort, bis sie endlich Berlin erreichten. Aufenthaltsort, Übersiedlungsheim, Aufnahmelager – wie sie sie genannt haben und wie sie sie jetzt nennen sollte, weiß sie nicht mehr. Mit diesen Orten sind aber ihre ersten, manchmal schönen, manchmal harten und enttäuschenden Erinnerungen und Eindrücke verbunden. Sie erinnert sich, wie sie zum ersten Mal selbst im Supermarkt einkaufen durfte. Sie durfte alles kaufen und es gab so viele Sachen, die sie noch nie in ihrem Leben gesehen oder probiert hat: *„Es war unglaublich, einkaufen zu gehen! (lacht).“* Auch die erste richtig deutsche Erbsensuppe mit Würstchen ist ihr im Gedächtnis geblieben.

Besonders schwer war für Margarethe nicht nur der lange Weg von Russland nach Deutschland mit all seinen Aufenthalts- und Übergangsorten, sondern auch der „Schulweg“. Sie weiß noch wie sie vier Kilometer bis zu einer Bushaltestelle laufen musste, um zur Schule zu gehen. Sie erinnert sich an ihre erste Lehrerin und ihre kleinen Fortschritte im Deutschen. Sie hat in dieser Zeit drei verschiedene Schulen besucht, die ihre persönliche Entwicklung, ihre sozial-gesellschaftliche Positionierung und Integration wahrscheinlich am meisten beeinflusst haben. In ihrer zweiten Schule in Deutschland, einer Realschule, erzählt sie uns, dass sie *„in die letzte Bank gesetzt wurde. [...] Ich bin noch vom Charakter so ein bisschen ruhig und deswegen vielleicht haben sie gedacht, dass ich überhaupt nichts verstehe, überhaupt nichts kann. Ich weiß es nicht. Aber ich habe immer wieder meine Kenntnisse bewiesen, also Schulkenntnisse.“*

Diese Selbstinterpretation der Probleme und das ständige Beweisen eigener Fähigkeiten, etwas erreichen zu können, begleiten die meisten Migrant/innen auf ihren langen Wegen. Das Erlebte wird später zu einer Erfahrung, die man danach richtig anzuwenden versucht. In diese Schule ging sie drei Jahre lang und trotz allem fühlte sie sich gut dort. In einigen Fächern, wurde sie sogar zum Vorbild für die anderen Schüler. Dadurch konnte sie beweisen, dass sie nicht nur etwas kann, sondern auch besser sein kann. Solche kleinen Erfolge und Belohnungen können oft entscheidend sein, um sich weiter zu entwickeln.

Ab der neunten Klasse kam sie aufs Gymnasium. Dieser, oft schwierige Lebensabschnitt ist besonders interessant für uns. Margarethe ist die einzige von allen unseren Gesprächpartner/innen, die selbst auf die Problematik der Integration eingegangen war. Man merkt gleich, dass sie sich damit schon beschäftigt hat und sich auskennt. Während sie uns ihre Geschichte erzählt, versucht sie gleichzeitig die vielen Ereignisse, ihre Gründe und Konsequenzen zu zeigen. Die Wichtigkeit der Integration war ihr bewusst, und auch dass Integration ein komplexer Prozess ist, der Beteiligung verschiedener Akteur/innen voraussetzt, verstand sie: *„Auf diesem Gymnasium waren meist Schüler etwas wohlhabenderer Eltern, die vielleicht so Arroganz ausgestrahlt haben. Sie haben sich überhaupt keine Mühe gegeben, mich irgendwie zu integrieren. [...] Ja, bis zur dreizehnten Klasse haben meine Mitschüler geglaubt oder gedacht, dass ich kein Deutsch spreche.“*

Sie erwartete von den Lehrer/innen mehr Bereitschaft und Hilfe und von den Mitschüler/innen mehr Verständnis. Dies hat sie aber in ihrer letzten Schule nicht bekommen. Im Unterschied zu unseren männlichen Erzählern, bei denen Beleidigungen und solche Ausgrenzungsprobleme oft auf die physische Weise gelöst wurden, hatte unsere Erzählerin mehr mit ihren „inneren“ Problemen zu kämpfen: *„Die erste Erfahrung in dieser Schule hat mich sehr enttäuscht. Ich war von diesen Leuten enttäuscht. Ich habe gesehen, wie sie sein können. Und deswegen habe ich mich immer da selbst distanziert. Also, ich war nicht mehr offen. Ich war einfach nur wahrscheinlich frustriert.“*

Es ist ein gutes Beispiel dafür wie stark die absorbierende Gesellschaft die Selbstpositionierung und die damit verbundene Integration des Migranten beeinflusst: *„Manchmal fühlte ich mich nicht verstanden. [...] Ich fand manchmal, gab's so ein Mentalitätenunterschied, dass ich einfach nur gedacht habe, sie machen ihre Sache, ich mache einfach meine Sache. [...] Ich fühlte mich immer in meiner Mentalität angegriffen. Ich fühlte immer, dass sie mich nicht als ein Individuum, als eine Persönlichkeit gesehen haben...“* Margarethe konfrontiert hier die Gesellschaft, die durch die Lehrer/innen und Schüler/innen repräsentiert wird, und fühlt sich nicht nur allein gelassen, sondern sogar angegriffen und unverstanden. Das Ergebnis dieser Konfrontation sind eine Distanzierung von der neuen Gesellschaft und die möglicherweise blockierte Integration.

Wie und ob man sich wieder der neuen Gesellschaft öffnet, wenn man das Gefühl hat, unwichtig und nicht verstanden zu sein? *„Ich muss noch sagen, dass ich mich jetzt schon selbst integriert habe."* Margarethe fühlt sich jetzt endlich integriert und das hat sie selbst geschafft, ohne die Hilfe der Gesellschaft zu brauchen. Auf den ersten Blick scheint es, als ob die Eigeninitiative für eine gelungene Integration reichen würde. Wann ist man aber integriert? Vielleicht hängt es davon ab, aus welcher Sicht man es betrachtet. Aus der Sicht der Migrant/innen oder der absorbierenden Gesellschaft? Margarethe fühlt sich nicht mehr angegriffen oder enttäuscht. Sie studiert im Moment Germanistik und Slawistik an einer Berliner Universität und hat weitere Pläne für die Zukunft. Gut fühlt sie sich aber, wenn sie in der Slawistik ist. In der Germanistik dagegen ist ihr sehr unwohl, nur zwischen den Deutschen zu sitzen. Es ist auch der einzige Ort, wo sie nur im Kreise der Deutschen ist. Im Kreise der Russischsprachigen *„merke ich doch, dass ich anders bin, als sie."* Seitdem sie vor 14 Jahren Russland verlassen hat, ist sie noch nie dahin zurückgegangen; aber irgendwann ihre *„Heimat wieder besuchen"* will sie doch.

Reflexionen und Interpretationen der Interviews

Im Rahmen des vorgestellten Projektes haben wir uns mit Fragen der Identitätsbildung und Integrationsfähigkeit der Gruppe junger Russlanddeutscher auseinander gesetzt, die seit mehr als 15 Jahren ihren festen Wohnsitz in Deutschland haben. Als deutsche Staatsbürger/innen müsste sich diese Migrantengruppe – entsprechend der von uns getroffenen Annahme – stärker mit der deutschen Kultur identifizieren als mit der Kultur ihres Herkunftslandes. Speziell für die ausgewählte Migrantengruppe wäre aus unserer Sicht auf die Frage des Einflusses der deutschen Gesellschaft auf das Verhalten und somit auch auf die Identitätsbildung der jeweiligen Gruppenmitglieder einzugehen. Der Frage des erwartungsgemäßen Verhaltens aus der Sicht der Migrant/innen haben wir in unserer Arbeit eine bedeutende Rolle zugewiesen.

Wir haben mit Hilfe von vier Interviews unsere Annahme bestätigen können, dass unsere Gesprächspartner/innen sich weniger mit der Herkunftskultur identifizieren und nicht mehr in der Lage sind, sich der aktuellen Gesellschaftsform des jeweiligen Ursprungslandes und der damit verbundenen Kultur anzupassen. Diese Annahme folgt aus den Aussagen der Interviewten bezüglich einer eventuellen Rückkehr in ihr Heimatland und der Gestaltung ihres privaten oder beruflichen Lebens in den jeweiligen Ländern. Interessant erscheint indes, dass abhängig von dem konkreten Fall, bei allen Interviewten ein mehr oder weniger starker Bezug zur „mitgebrachten“ Kultur verbleibt.

Unsere Gesprächspartner/innen wiesen vier unterschiedliche Verhaltensmuster und somit auch unterschiedliche Identitäten auf. Diese reichten von einer bewusst gesteuerten Identität (Sergej) bis hin zu einer „rebellischen“ Identität (Maximilian).

Trotz der festgestellten Unterschiede, demonstrierten alle vier Gesprächspartner/innen gewisse Ähnlichkeiten. Alle vier Protagonist/innen schätzen ihre Zukunftschancen in der Aufnahmegesellschaft als positiv ein und sehen sich vollends in die deutsche Gesellschaft eingegliedert. Jeder der vier beschriebenen Fälle weist hinsichtlich der Eingliederung und Assimilation in die deutsche Gesellschaft eine andere Intensität auf, keine Unterschiede zeigen sich jedoch im Hinblick auf das beschriebene Wohlgefühl und die Zufriedenheit mit dem bereits Erreichten.

Eine entscheidende Rolle für die Identitätsbildung und die Selbstpositionierung der ausgewählten Migrantengruppe spielten die Schulzeit und die ersten Jahre in der neuen Heimat. Aus den Erinnerungen an diese Zeit konnten wir den Einflussgrad der Aufnahmegesellschaft feststellen. Einen diesbezüglich besonders starken Einfluss der deutschen Gesellschaft auf die Identitätsbildung und Selbstfindung ist bei Margarethe zu beobachten. Sie ist die einzige Interviewte, die sehr gezielt und analytisch vorgehend die Rolle der Aufnahmegesellschaft in ihrem Leben beschreibt.

Im Allgemeinen konnten wir eine doppelte Identität bei unseren Gesprächspartner/innen erkennen, die von jeder einzelnen Person auf unterschiedliche Art und Weise zu ihrem Vorteil genutzt wird. Grundsätzlich sehen zwar alle wie oben erwähnt keine Zukunft respektive Möglichkeit zum längeren Aufenthalt in ihren Herkunftsländern bzw. ist die Assoziation zur gegenwärtigen Kultur des jeweiligen Landes gering, allerdings nutzen unsere Gesprächspartner/innen gleichzeitig ihre binationale Identität zur Herstellung ihrer Lebenswelt in der deutschen Gesellschaft, beispielsweise im Sinne ihrer beruflichen, bilingualen Betätigung.

Unsere Interviews haben gezeigt, dass die vier Interviewten sich in die Gesellschaft integriert haben. Allerdings spiegelt diese Untersuchung die

Sicht der Protagonist/innen wieder. Interessant und ebenso wichtig wie die durchgeführte Untersuchung wäre die Frage wie die Aufnahmegesellschaft diese Migrantengruppe betrachtet. Zu fragen wäre: Befinden sich die Einschätzungen der jeweiligen Migrantengruppe und der Aufnahmegesellschaft im Gleichgewicht? Gibt es eventuell Auffassungsdivergenzen?

Literatur

Becker, Franziska (2001): Ankommen in Deutschland. Einwanderungspolitik als biographische Erfahrungen im Migrationsprozess russischer Juden. Berlin.

Deutsche Bewährungs-, Gerichts- und Straffälligenhilfe/Bildungswerk (Hg.) (2003): Spätaussiedler – Interkulturelle Kompetenz für die Straffälligenhilfe und den Justizvollzugsdienst. Godesberg.

Dietz, Barbara (1999): Jugendliche Aussiedler in Deutschland: Risiken und Chancen der Integration. In: Bade, Klaus J./Oltmer, Jochen (Hg): Aussiedler: deutsche Einwanderer aus Osteuropa. Osnabrück, S. 153–177.

Esser, Hartmut (1980): Aspekte der Wanderungssoziologie. Assimilation und Integration von Wanderern, ethnischen Gruppen und Minderheiten. Eine Handlungstheoretische Analyse. Darmstadt.

Esser, Hartmut (1982): Sozialräumliche Bedingungen der sprachlichen Assimilation von Arbeitsmigranten. In: ZfS, 11(3), S. 279-306.

Esser, Hartmut (1983): Multikulturelle Gesellschaft als Alternative zu Isolation und Assimilation. In: Ders. (Hg.): Die fremden Mitbürger. Möglichkeiten und Grenzen der Integration von Ausländern. Düsseldorf, S. 25-38.

Eisenstadt, Shmuel N. (1955): The Absorption of Immigrants: A Comparative Study Based Mainly on the Jewish Community in Palestine and the State of Israel. In: American Sociological Review, 20., S. 487-498.

Eisenstadt, Shmuel N (1954): Reference Group Bahavior and Social Integration: An explorative Study. In: ASR, 19 (1), S. 175-185.

Han, Petrus (2006): Theorien zur internationalen Migration. Ausgewählte interdisziplinäre Migrationstheorien und deren zentralen Aussagen. Stuttgart, S. 8-106.

Heckmann, Friedrich (1988): Volk, Nationen, ethnische Gruppen und ethnische Minderheiten. Zu einigen Grundkategorien von Ethnizität. In: Österreichische Zeitschrift für Soziologie, Heft 3, S. 21.

Ostendorf, Heribert (2007): Kriminalität der Spätaussiedler – Bedrohung oder Mythos?: Abschlussbericht einer interdisziplinären Forschungsgruppe, Baden-Baden.

Pfeifer, Christian/Wetzels, Peter (2000): Integrationsprobleme junger Spätaussiedler und die Folgen für ihre Kriminalitätsbelastung. In: Friedrich-Ebert-Stiftung (Hg.): Neue Wege Der Aussiedlerintegration: vom politischen Konzept zur Praxis. Bonn, S. 27-55.

Römhild, Regina (1998): Die Macht des Ethnischen: Grenzfall Russlanddeutsche. Perspektiven einer politischen Anthropologie, Frankfurt am Main.

Sarazin, Paul (2005): Fremde Heimat Deutschland. Eine diskursanalytische Studie über die nationale Identität der deutschstämmigen Spätaussiedler aus der ehemaligen Sowjetunion. Wettenberg.

Schmitt-Rodermund, Eva/Silbereisen, Rainer K. (2000): Jugendliche Aussiedler in Deutschland. In: Bundeszentrale für politische Bildung: Informationen zur politischen Bildung. Aussiedler, Heft 267, Bonn.

Sylvia Lundschien

„Raus aus Marienfelde"

Übergänge und Orientierungen einer jungen Spätaussiedlerin

„Marienfelde?"

Als zugezogene Berlinerin höre ich im Rahmen des Projektseminars „Und im Westen wird alles ganz anders – Das Notaufnahmelager Marienfelde" zum ersten Mal den Namen des ehemaligen Notaufnahmelagers und späteren Übergangswohnheims im Stadtteil Marienfelde. Ich kann den Ort weder geographisch noch symbolisch in mein bisheriges Berlin-Bild einordnen; ähnlich wird es Marija[1] gegangen sein, als sie im Dezember 2005 mit ihrem Vater im Wohnheim ein kleines Zimmer bezog.

Schnell wurde mir während des Projektseminars klar, dass ich mich mit dem Schwerpunkt „Spätaussiedler in Marienfelde" auseinandersetzen möchte. Bedingt durch mein Zweitfach, Russisch, und zumindest alltagstauglichen Sprachkenntnissen versprach ich mir einen „barrierefreien" Zugang zu den (oft russischsprachigen) Spätaussiedlern, die entweder noch im Wohnheim leben oder bereits außerhalb eine Wohnung gefunden hatten.

Am Anfang war das Wort – Nationalitätenregistrierung in der UdSSR

Marijas Geschichte beginnt 1932 im postrevolutionären Russland. In diesem Jahr wurde von Stalin in der damaligen UdSSR die Nationalitätenregistrierung in den sowjetischen Inlandspässen (vergleichbar mit dem deutschen Personalausweis) eingeführt. Es herrschte das Prinzip der Selbstdefinition, d.h. jeder Bürger der Sowjetunion konnte über seine ethnische Herkunft selbst entscheiden. Eine großzügige Geste, war doch die durch größtenteils Okkupation und Umsiedelung zu einem Vielvölkerstaat herangewachsene Sowjet-

1 Name auf Wunsch der Interviewpartnerin geändert.

union in ihrer ethnischen Zusammensetzung unübersichtlich geworden. Die Registrierung sollte helfen, z.B. Quoten für ethnische Minderheiten in der Armee, an den Universitäten und im Staatsbetrieb angemessen zu ermitteln und zu erfüllen. Zudem sollten Gebiete, die als „sozio-ökonomisch rückständig“ galten, von der neuen ökonomischen Politik des UdSSR profitieren. Der „fünfte Punkt“ (er stand an fünfter Stelle im Inlandspass) wurde von den Eltern vererbt; oftmals mussten sich die Nachkommen bei der Erstellung des Inlandspasses überlegen, welcher alleinigen *Nationalität* (d.h. hier: ethnische Herkunft) sie sich – neben der sowjetischen *Staatsbürgerschaft* – zugehörig fühlten. „Mischehen“ waren seit dem Wegfall religiöser Barrieren als Resultat der Oktoberrevolution 1917 nicht unüblich. Oftmals registrierten sich die Eltern im Zuge eines aufblühenden lokalen Nationalismus nach dem Ende der Zarenherrschaft als vornehmlich „Tadschikisch“, „Georgisch“ oder eben „Deutsch“. Ob die Beziehungen zu diesen ethnischen Gruppen besonders stark waren, Traditionen gepflegt oder eine lokale Sprache/Dialekt gesprochen wurde, beeinflusste den Registrierungsprozess jedoch nicht.

53 Jahre später, 1985, wird Marija in Nishnij Nowgorod[2] in der damaligen UdSSR geboren. Michail Gorbatschow ist Generalsekretär der KPdSU in Moskau, es ist der Vorabend von Glasnost und Perestrojka. Jahre später wird in Marijas Inlandspass das kleine Wort *„nemka“*[3] eingetragen.

Im Februar 2008 warte ich auf einem S-Bahnhof im Berliner Stadtteil Lichterfelde auf Marija, um mich mit ihr über dieses Wort, *„nemka“*, zu unterhalten. Die Sowjetunion war Geschichte seit 1991, und Marija gerade knapp fünf Jahre alt, als der Staat politisch und sozial auseinanderbrach. Im Dezember 2005 verließ Marija mit ihrem Vater jenes Land, das sich nun Russische Föderation nannte, im Alter von 20 Jahren Richtung Berlin. Und all das wegen eines Wortes: *„nemka“* – *„Deutsche“*.

Angekommen in Deutschland?

Marija Kranz wurde 1985 als Tochter eines ethnisch deutschen Vaters und einer ukrainisch-russischen Mutter geboren. Vor ihrer Übersiedlung nach Deutschland studierte sie zwei Semester Germanistik an der Universität in Nishnij Nowgorod. Seit dem Wintersemester 2007/08 hat sie an der Humboldt-Universität zu Berlin Kurse in Erziehungswissenschaften und Russisch

2 Nach deutscher Standardtransliteration. Im Weiteren werde ich für die lateinische Umschreibung kyrillischer Wörter diese Transliteration bzw. festgelegte Standards (z.B. Orts- oder Personennamen) gebrauchen.

3 Die männliche Bezeichnung lautet „nemec“ (Deutscher/deutscher Mann).

belegt, strebt jedoch zum Zeitpunkt des Schreibens einen Fachwechsel in die Wirtschaftspädagogik an.

Im Jahr 2001, vier Jahre vor der Ausreise, bekommt der Vater seine deutsche Herkunft anerkannt und erhält eine Einladung[4] nach Deutschland. Zum Zeitpunkt der Antragsstellung ist Marija noch minderjährig und könnte somit automatisch mit ihrem Vater – als seine direkte Nachkommenschaft – ohne Prüfung von Sprach- und Kulturkenntnissen ausreisen. Bis dato lag die Einladung jedoch „in Reserve", d.h. die Ausreise nach Deutschland wurde nicht umgesetzt: *„Bei mir war es so, dass wir diese Einladung schon lange hatten und haben nachgedacht. Das war schwierig weil, na ja, meine Eltern sind doch geschieden. Ob wir als eine ganze Familie dahin kommen oder irgendwie getrennt oder gar nicht kommen."*

Man mag das Hinauszögern mit der Befürchtung erklären, dass die bereits getrennte Familie nun endgültig auch geographisch auseinander gerissen würde. Marijas Mutter könnte aufgrund ihrer nicht-deutschen Herkunft nur einreisen, wenn sie weiterhin mit ihrem Mann verheiratet wäre. Jedoch wäre ihre Zukunft auch dann ungewiss, da sie als EU-Ausländerin – im Gegensatz zu ihrem Mann, der die deutsche Staatsbürgerschaft direkt nach der Einreise erhält – keinen ihrer Abschlüsse, Qualifikationen und Renteneinzahlungen aus dem Herkunftsland in Deutschland anerkannt bekäme. Dies ist ein Dilemma, das viele russlanddeutsche Familien belastet (vgl. Ingenhorst 1997: 83ff.). Ebenso kann man das Zitat dahin gehend interpretieren, dass Bekannte der Familie Kranz, die bereits als Spätaussiedler ausgereist waren, durch ihre Erzählungen die Entscheidungsfreude deutlich dämpften: *„Aber z.B. mein Vater, er wollte gar nicht nach Deutschland, weil unsere Verwandten in einem kleinen Dorf waren. Und meine Tante war damals so deprimiert. Deswegen waren wir schon, ja, fast vier Jahre [lang] noch in Russland [nach der Ausreiseantragsstellung] und sie hat gesagt, dass es sich gar nicht lohnt, irgendwo in einem Dorf zu wohnen, wo man wirklich eine halbe Stunde zu Fuß ... [durchlaufen kann]."*

Marija, die bei ihrer Mutter aufwächst, verfügt zu diesem Zeitpunkt lediglich über erlernte Deutschkenntnisse aus der Schule und ihrem Germanistikstudium, das sie im zweiten Semester belegt. Ihr Wunsch ist es jedoch, mit einer Freundin und Kommilitonin nach Deutschland zu fahren, um während eines Sommerjobs die Sprache und das Land kennen zu lernen. Ob dabei ein „Entdecken der Heimat" eine Rolle spielt, ist nicht eindeutig. Jedoch sitzt der

4 Gemäß den Visa-Bestimmungen der Russischen Föderation muss für deren Angehörige bei einer Ausreise eine Einladung von Privatpersonen oder Institutionen des Ziellandes vorliegen.

Schock tief, als man nach der aufwendigen Organisation und dem Bezahlen der Fahrt- und Aufenthaltskosten den Visumsantrag von russischer Seite nicht nur ablehnt, sondern gar Einreiseverbot in die BRD verhängt wird: *„Es ist leider so, dass man eigentlich nicht fragen darf, ich habe dort dann mehrmals angerufen, sie haben leider gesagt, sie dürfen mir keinen Grund sagen. Ja und deswegen hab [ich] so einen Stempel in meinem Passport – was bedeutet das? Ich meine, wie lange dauert dieses Verbot? Kann man einfach nicht wissen. Manchmal ist es nur einmal und manchmal ist es ein Jahr oder fünf Jahre.“*

Marijas Daten wurden in Moskau zentral mit dem Ausreiseantrag des Vaters abgeglichen und daraufhin das Einreiseverbot verhängt. Darauf angesprochen betont sie im Interview die Hilflosigkeit gegenüber der russischen Bürokratie: *„Sie dürfen einfach absagen. Sie dürfen das einfach! Wenn sie denken z.B., na ja, dieses Mädchen, sie will wahrscheinlich als Professionelle dort arbeiten oder irgendwie so – sie dürfen einfach absagen. Sie dürfen alles.“*

Bis dahin war sich Marija ihrer deutschen Familienanteile nicht bewusst. Ebenso beherrschte sie die Sprache nicht aktiv, noch wusste sie viel von den „modernen Deutschen“. Die Erfahrung der Diskriminierung vorhergehender Generationen Russlanddeutscher war scheinbar an ihr vorbei gegangen oder sie nahm sie nicht auf sich bezogen wahr: *„Ich meine, ich hab das ganze einfach nicht gefühlt, weil ich überhaupt keine Deutschkenntnisse hatte, bis [ich] wahrscheinlich 16, 17 Jahre [alt war]. Es war wirklich egal. Und ich war wirklich wahrscheinlich die einzige Deutsche, wenn ich so sagen darf, in dieser Klasse, in dieser Schule und es war wirklich nicht so wichtig.“*

Dennoch erinnert sie sich an kleine Sticheleien, das ständige Aufrufen des „interessanten Namens“ in der Schule und die damit verbundenen schlechten Noten, die Freundin, die einen Witz über „die beleidigte Deutsche“ macht. Schlussendlich steht die eher unbewusste deutsche Herkunft ihrer Familie ganz zentral in Marijas Leben. Vater und Tochter beschließen, jedoch nicht einstimmig, auszureisen: *„Es war wirklich schwierig: ‚Papa, ich will doch nach Deutschland! Ich will doch!‘ – ‚Na ja nee ... du willst doch bestimmt nicht in einem kleinen Dorf da wohnen, du bist doch nicht in Berlin! Wieso willst du da hin?!‘“*

Am 10. Dezember 2005 kommen die beiden per Flugzeug mit wenig Gepäck in Berlin an. Nach einem kurzen Zusammentreffen mit den Großeltern väterlicherseits, der Tante und deren Familie (diese waren bereits ausgereist und lebten in Berlin) fuhren Marija und ihr Vater zur Erstaufnahmeeinrichtung des Bundes in Friedland, der zentralen Anlaufstelle für Spätaussiedler in Niedersachsen, von wo sie kurz nach der Registrierung zurück nach Berlin kamen. Ihren 20. Geburtstag erlebt Marija bereits im Wohnheim von Marienfelde. Der erste Eindruck ist nach dem Verlassen des eher mittelständisch geprägten Lebensstils in Nishnij Nowgorod negativ: *„Wir hatten eine Wohnung in Russland, ich meine, wir hatten [besitzen] nicht, aber ich hab dort gewohnt und es war eine wirklich normale Wohnung, ziemlich gut ausgerichtet. Und hier: ein Tisch, zwei Betten und zwei Löffel, zwei Gabeln und zwei Messer! Und dann noch eine Pfanne und ein Kochtopf. Das bringt mich um."*

Die Beziehung zum Vater ist ebenfalls angespannt. Nach drei Monaten geht dieser zurück nach Russland, jedoch primär, weil er von Anfang an kein dauerhaftes Leben in Deutschland geplant hatte: *„Das war schwierig für mich. Wirklich sehr schwierig. Ohne Familie und mit meinem Vater habe ich schon lange nicht mehr [zusammen]gewohnt und wir streiten. Natürlich auch jetzt. Es war so schrecklich. Er wollte zurück, er wollte das nur für mich machen, und dann ist er in drei Monaten einfach zurückgekommen [zurückgegangen nach Russland]."*

Zu Gast daheim – Aufenthalt in Marienfelde

Marijas Reaktion bei der Ankunft in Deutschland war zunächst freudig, war es doch ihre erste Auslandsreise. Die Aufnahme in Marienfelde schätzte sie zwar als hilfreich und praktisch ein, jedoch empfand sie den obligaten Deutsch-Sprachkurs für Spätaussiedler mit ihren Vorkenntnissen aus dem Germanistikstudium in Russland als eine gewisse Zumutung, zumal für ihre fortgeschrittene Niveaustufe zunächst kein Platz frei war. Das angestrebte Studium an einer Berliner Hochschule musste aufgrund dieser bürokratischen Auflage daher erst einmal warten. Der Aufenthalt im Wohnheim war für sie wenig abwechslungsreich und eingeschränkt durch die Heimvorgaben: *„Ich habe dort eigentlich nicht so oft gewohnt. Ich meine, man muss dort übernachten, ja nicht jedes Mal, aber man muss dort wohnen, es ist doch bezahlt. Aber wenn man wirklich Verwandte hat, dann ist man den ganzen Tag bei Verwandten, ist doch klar. Oder bei diesem Sprachkurs. Alles ist verboten, ich meine, wenn man Deutsch, ja, lernen muss, dann gibt es unterschiedliche CDs oder Kassetten, mit der Musik – es ist verboten! Und das Radio ist auch verboten! Ja, alles ist eigentlich verboten."*

Diese Aussage bestärkt meinen subjektiven Eindruck, dass das Übergangswohnheim Marienfelde zwar prinzipiell von vielen Spätaussiedlern als willkommene Einrichtung angesehen wird, jedoch die Beschneidung persönlicher Freiheiten und die beengte, unfreiwillige Wohnsituation als gelegentlich bevormundend und belastend empfunden wird. Die Bewohner erleben sich in der paradoxen Situation eines „Wohnheimes", in dem man weder wohnen noch ein Heim sehen kann. Denn einerseits fängt das Übergangswohnheim auf, andererseits schottet es ab und bremst somit auch einen großen Teil Eigeninitiative. Der obligatorische Melde- und Aufenthaltszwang der Institution „Wohnheim" scheint mir hier zudem dem Ansiedlungsprozess der Spätaussiedler eine qualitative Färbung zu geben, die sie von anderen Zuwanderern in Deutschland unterscheidet.

Becoming German[5] – ein Diskurs von Sein und Werden

Die bis zur Übersiedlung nach Deutschland latente Frage der Herkunft steht im Interview immer wieder im Mittelpunkt. Für Marija ist oft nicht nachvollziehbar, was von ihr gefordert wird, um als „Deutsche" anerkannt zu werden. Die Definition von bürokratischer Seite ist für sie verwirrend: *„Die Familie und diese Unterlagen, dass einige von dieser Familie repressiert wurden, weil sie Deutsche waren. Dann wahrscheinlich ein bisschen von der Geschichte erzählen und irgendwie beweisen. [...] Ich meine, man kann wirklich perfekt Hochdeutsch sprechen, aber trotzdem diesen Test nicht bestehen. Sie haben meinem Vater solche Fragen gestellt wie: ‚Was essen Sie normalerweise?'. [...] Man muss nicht nur die Sprache, sondern auch die Kultur von den Deutschen wissen. Weißt du, aber das ist so anstrengend."*

Die Aufnahmepraxis erscheint ihr nicht zu Unrecht wie eine Prüfung, die man scheinbar nur nach dem Gutdünken der zuständigen Kommission erfolgreich bestehen kann. Kritik an dieser Praxis gegenüber deutschen Spätaussiedlern wird mit zunehmend sichereren Vergleichsmöglichkeiten anderer Migrationsformen in Deutschland deutlicher formuliert. Die angebotene Migrationsstrategie (vgl. Römhild 1998 : 323ff.) von Seiten der Bundesrepublik Deutschland entwirft eine essentialistische Container-Identität[6] dessen, was es heißt „deutsch" zu sein. Faktisch reduziert die BRD durch diese enge Definition des „Deutsch-Seins" jedoch nicht nur den meist polyethnischen oder polynationalen Hintergrund vieler Spätaussiedler auf nur *eine* bestimmte Zugehörigkeit (wie auch in Marijas Fall), sondern reproduziert mit jenem Migrationsangebot ebenso die willkürlich festgelegten ethnischen Kategorisierun-

5 Internetprojekt von Joanne Moar: http://www.becoming-german.de/ [Zugriff am 15. 07. 2008].

6 „Die [...] Auseinandersetzung zwischen einwandernden Aussiedlern und ansässiger bundesrepublikanischer Bevölkerung beschränkt sich dagegen weitgehend auf einen Schlagabtausch ethnisierender Polarisierungen zwischen Deutschsein und Fremdsein, wobei beide Kategorien mit höchst unterschiedlichen Bedeutungen und Bewertungen aufgeladen sind. [...] Es geht [...] um eine Zuschreibung, die ihre Aussagekraft allein aus der Negation des ethnischen Konstrukts ‚Deutschsein' bezieht und sich so auf eine letztlich ebenso starre und kulturell inhaltsleere Festlegung des ‚Nichtdeutschseins' beschränkt" (Römhild 1998: 323, eigene Hervorhebungen).

gen aus der Stalin-Ära (vgl. Römhild 1998: 320 ff.). Für deutsche Spätaussiedler gibt es kaum administrative Alternativen: Mit dem Erhalt der deutschen Staatsbürgerschaft werden sie angemahnt, ihre alten Pässe abzugeben, was wiederum die Einreise (für Besuche der meist weit verstreut lebenden Verwandtschaft) in die Herkunftsländer erschwert (z.B. Visa-Regelungen, Fragen des konsularischen Beistandes). Die Dramaturgie des Einbürgerungsaktes drängt Spätaussiedler damit zu einem formalen Bekenntnis zum Aufnahmeland, das dem Ansiedlungsprozess eine viel stärkere symbolische Bedeutung zuordnet als dies bei anderen Zuwanderern der Fall wäre.

Die „Russen" und „wir"

Wie fallen die Assimilationsanforderungen an junge Spätaussiedler zusammen mit der individuellen Persönlichkeitsentwicklung der untersuchten Altersgruppe? Diese Frage war für mich besonders spannend, denn die Generation deutscher Spätaussiedler unter 30 Jahren bringt ein anderes kulturelles und symbolisches Kapital[7] mit nach Deutschland als die Eltern- und Großelterngeneration. Diese waren teilweise noch direkte oder indirekte Opfer[8] der Repressionen nach dem Ende des Zweiten Weltkrieges oder während der Sowjetdiktatur. Ebenso stehen junge Spätaussiedler meist erst am Anfang ihrer schulischen oder beruflichen Laufbahn. Mit dem Weggang aus dem Herkunftsland verlieren sie nicht ihr bisheriges kulturelles und symbolisches Kapital oder brechen nicht zwangsläufig aus jahrzehntelang gefestigten sozialen Kontexten aus. Dennoch ist diese Zeit des Übergangs von einer Gesellschaft in die andere eine unsichere: *„Ich [hätte] natürlich mehr gekämpft, damit ich diese Zeit nicht verliere, ich meine, ich hab immer noch Ängste vor der Arbeit. Jetzt nicht [mehr] so viel, aber damals war es wirklich riesig. Ich meine, ich spreche doch nicht gut und ich spreche doch mit Akzent, und was sagen die Leute, was sagen die anderen? Ich bekomme bestimmt keinen guten Job, weil ich so spreche. Weil ich meine Gedanken nicht richtig äußern kann."*

Diese nachvollziehbaren Versagens- und Abstiegsängste kompensiert sie – meines Erachtens – mit einer verstärkten Abgrenzung zu jenen Gruppen, mit

7 Zum Begriff der Kapitalsorten vgl.: Bourdieu 1998.

8 Als direkte Einwirkung würde ich gezielte, v.a. (staatlich) organisierte Repressionen gegenüber der deutschen Minderheit in der UdSSR nach dem Zweiten Weltkrieg bezeichnen, wie z.B. Sprachverbot und Auflösung der traditionellen Siedlungsgebiete. Als indirekte Einwirkungen würde ich soziale und verbale Diskriminierung im Alltag bezeichnen. Diese Diskriminierungen waren wiederum oft Ergebnisse gezielt antideutscher Propaganda.

denen sie nicht zusammen genannt werden will und/oder in deren Kreise sie nicht geraten möchte. Eine immanente Hierarchie regiert Marijas Verhältnis zu „Einheimischen“, „gut“ und „schlecht“ integrierten Spätaussiedlern und schlussendlich „Russen“: *„Weißt du, es gibt wirklich tausende von Leuten, die hier schon von Hartz IV [leben] und dir ständig sagen: ‚Geh putzen!' Oder: ‚Gehe gar nicht arbeiten. Bleib zuhause, du bekommst doch bestimmt Geld'. Ja und dann: ‚Du hast doch russisches TV – was willst du noch?!' Ich finde das schrecklich. [...] Diese Frauen, die schon seit 10 Jahren hier wohnen und wahrscheinlich gar kein Deutsch sprechen, ach, diese Fälle deprimieren mich schon.“*

Wer bin ich, und wenn ja, wie viele?[9] – Abgrenzung und Einschluss

Zwar kann sich Marija nicht vollkommen sprachlich und kulturell von ihrer Sozialisation lösen, jedoch versucht sie räumliche Grenzen zu ziehen. Ich frage sie, ob sie sich vorstellen könnte, in einem Berliner Bezirk mit einem Anteil russischsprachiger Bevölkerung zu wohnen: *„Natürlich will man dann in diesem Bezirk [Marienfelde] dann [eine Wohnung] suchen und das machen sehr viele, eine Menge von Russen, Spätaussiedler von Marienfelde. Oder auch in Marzahn natürlich, wieso nicht, aber dort ist es gefährlich, wirklich.“*

Ich möchte ihre Abgrenzung, die sie an der entsprechenden Stelle auch gegenüber schlechtem *russischen* Benehmen betont dahin gehend interpretieren, dass hier eine soziale Abgrenzung als ethnisch-kulturelle ausgegeben wird. Die eigene Position und Herkunft im sozialen Spektrum der Spätaussiedler werden hierbei durch die Darstellung ihrer guten Deutschkenntnisse *vor* der Anreise und die anpassungs- und lern*willige* Einstellung *nach* der Ankunft in Abgrenzung zu den Mitbewohnern im Wohnheim noch einmal hervorgehoben: *„Ich meine, ich wollte manchmal sehr oft keine Kontakte, weil die Leute waren einfach wirklich aus unterschiedlichen Welten und mein Wunsch war gar nicht, auf dieser Bank zu sitzen und Bier [zu] trinken. Mit einer Zigarette in der Hand. Na ja, das war ziemlich fremd für mich. Und ich hatte keine Einstellung wie die meisten: ‚Diese Deutschen sind doch doof!'. Ich konnte fragen, wenn ich Fragen hatte, die Sprache war eigentlich kein Problem für mich. Die anderen [Spätaussiedler], ich kann sie verstehen, sie haben wahrscheinlich etwas anderes erwartet.“* Gegenüber dieser Gruppe verspürt sie eine gewisse Überlegenheit an kulturellem Kapital (Sprachkenntnisse, Assimilationsbereitschaft), während sie in anderen sozialen Kontexten diese Sicherheit nicht genießt: *„Die gemeinsamen Freunde*

9 Titel zitiert nach Precht 2007.

[von Marija und ihrem Freund, der ebenfalls Spätaussiedler ist], wir sprechen russisch, sie machen das nur für mich – das ist auch peinlich. Unter sich sprechen sie natürlich deutsch. Mein Freund will mit mir auch kein deutsch sprechen, ja er sagt, ich spreche besser russisch. Und ich spreche sehr [gut], die Spätaussiedler die hier schon lange wohnen, sie haben schon eine Hälfte von [den russischen] Wörtern vergessen. Es ist so einseitig, wie sie sprechen. Mir fehlen oft solche kleinen Kleinigkeiten [im Deutschen]. Das find ich wirklich schade. Ich hab schon versucht, deutsch ein bisschen zu reden, aber das find ich sehr doof. Ich meine, ich mache Fehler und das merken alle. Ach, das ist schwierig.“

Gleichzeitig existiert ein anvisiertes Bild von der erfolgreichen Ansiedlung in Deutschland: Die selbstsichere Bewegung zwischen zwei Kulturen, das mühelose Gleiten in den Sprachen sowie ein fester Standpunkt, von dem aus dem „Anderen“ begegnet werden kann: *„Es gibt dort [in den Kursen der Russistik] natürlich Russen, ich finde diese Situation so toll, weil hier sehr viele Russen sein können, die eigentlich mehr Deutsche sind. Ich meine, sie sind hier [seit sie Kinder waren] und sie sprechen wahrscheinlich Deutsch besser als Russisch. Das find ich richtig toll. Ich mag diese Leute, ich meine – sie haben total viele Freunde, es ist aber egal, ob Russen oder Deutsche oder irgendwie anders definiert. Auch sehr viele Polen. Mit mir studieren sehr viele Leute aus der ganzen Welt! Afghanistan, Usbekistan, dann die Ukraine und Polen – alles Mögliche! Ich meine, es ist doof, wenn man das alles differenziert.“* Diese Gruppe Spätaussiedler bzw. russischsprachiger Migranten in Berlin wird von Marija präferiert. Mögliche Deutungen mögen das implizit in ihren Aussagen beschriebene kulturelle und symbolische Kapital jener Gruppe sein, an dem sie sich orientiert bzw. von dem sie sich Vorlagen für eigene Strategien im Alltag verspricht.

Meine Begegnungen mit Marija werden an dieser Stelle sicher nicht abreißen, schon allein aufgrund des gemeinsamen Russisch-Studiums. Für ihre Aufgeschlossenheit im Interview und gegenüber dem Projektseminar bin ich ihr zu großem Dank verpflichtet.

Literatur

Bourdieu, Pierre (1998): Die feinen Unterschiede. Kritik der gesellschaftlichen Urteilskraft. Frankfurt am Main.

Hirsch, Francine (2005): Empire of nations. Ethnographic knowledge & the making of the Soviet Union. Ithaca.

Ingenhorst, Heinz (1997): Die Russlanddeutschen. Aussiedler zwischen Tradition und Moderne. Frankfurt am Main, New York.

Ipsen-Peitzmeier, Sabine (Hg.) (2006): Zuhause fremd. Russlanddeutsche zwischen Russland und Deutschland. Bielefeld.

Oswald, Ingrid (2000): Die Nachfahren des „homo sovieticus“. Ethnische Orientierung nach dem Zerfall der Sowjetunion. Münster.

Römhild, Regina (1998): Die Macht des Ethnischen. Grenzfall Russlanddeutsche: Perspektiven einer politischen Anthropologie. Lang, Frankfurt am Main.

Anjela Krstevski

Wie aus Evgenija Jennifer wurde

Ankommen und leben in Deutschland

Im Zusammenhang mit dem Studienprojekt „Und im Westen wird alles ganz anders“ interessierte mich vor allem die Lebenssituation von jungen Spätaussiedlerinnen. Erstens, weil auch ich im Alter von 22 Jahren als junge Migrantin vor ein paar Jahren nach Deutschland kam und zweitens, weil ich nicht nur Frau, sondern auch Mutter bin, wie die Mehrzahl dieser Frauen ab Mitte 20. Es galt für mich herauszufinden, mit welchen Vorstellungen und Bildern diese Frauen hierher nach Deutschland kommen: Welche Wahrnehmungen und Erfahrungen haben sie im Aufnahmeland gemacht? Wie gestalten sie ihren Alltag im Durchgangsheim Marienfelde und auch später? Welche Probleme haben sie bei alldem zu bewältigen als Frauen, Mütter und Migrantinnen? Ich war sehr neugierig auf ihre Antworten, zumal ich schon meine eigenen Erfahrungen auf diesem Gebiet gemacht hatte.

Den ersten Kontakt zu einer jungen Frau, die schwanger aussiedelte und ihr erstes Kind in Deutschland bekam, stellte ich telefonisch her. Ich wollte mich und mein Vorhaben kurz vorstellen, um dann einen persönlichen Gesprächstermin zu vereinbaren. Mit ihrer freundlichen Stimme und spontanen Bereitschaft zu einem Treffen hatte Jennifer meine Sympathie und Neugier sofort geweckt.

Treffpunkt Hegelplatz vor dem Gebäude der Humboldt-Universität, denn nach dem Interview muss Jennifer weiter zu einem Seminar, sie studiert im vierten Semester B.A. Erziehungswissenschaft und Sozialwissenschaften, teilt sie mir schon bei unserem Telefonat mit. Soweit so gut, nun stehe ich hier und warte auf eine junge Frau, *„nicht groß, mit Brille und blonden Haarsträhnen“*, wie sie sich selbst am Telefon beschrieb. Vor unserem Treffen dachte ich mir: Eine Frau aus der ehemaligen Sowjetunion erkennst du sofort. Sie und ich – wir gehörten den ehemaligen „Ostblockstaaten“ an. Ich habe schon viele Mädchen und Frauen von dort gesehen. Dieser Typ Frau sticht meist durch eine schöne, helle, glatte Gesichtshaut hervor und trägt dazu eine besondere Art von Ohrringen: aus rötlichem Gold mit einem hellrosa Steinchen in der Mitte. Ich sehe eine junge Frau in Jeanskleidung, mit Brille und „Riesentasche" auf mich zukommen, wie sie typischerweise Studenten mit sich tragen. Das ist also Jennifer. Mit Ausnahme der erwarteten klaren Gesichtszüge passt sie ganz und gar nicht in mein vorgestelltes Bild. Sie sieht aus wie eine ganz *normale* Studentin, vollkommen unauffällig – so wie jede andere junge Frau aus Berlin. Wir gehen in das Uni-Gebäude hinein und suchen uns erst einmal ein ruhiges Plätzchen, damit wir ungestört unser Gespräch führen können.

Jennifer erzählt gern und ausführlich, und ich versuche so schnell wie möglich mein Aufnahmegerät einzuschalten. *„OK. Ich erzähle einfach und du unterbrichst mich, wenn es zu viel wird"*[1], sagt sie und legt los: Sie kam 2004 im Alter von 24 Jahren nach Deutschland – Großmutter, Mutter, Ehemann, Tante und ihre zwei Cousinen kamen mit. Zuerst wurde die Familie wie auch andere Spätaussiedler im Zentralen Aufnahmelager in Friedland untergebracht. In der umgebauten Kaserne mit acht Betten pro Zimmer bleibt man in der Regel drei Tage, bis alle Formalitäten erledigt sind. Dann werden die Aussiedler entweder in der Nähe von bereits übergesiedelten Verwandten untergebracht oder einem bestimmten Bundesland mit den entsprechenden Aufnahmekapazitäten zugewiesen. Jennifer und die anderen jungen Mitglieder der Familie wussten bereits, dass sie im Aufnahmeland studieren oder eine Ausbildung machen wollen, deshalb wählten sie Berlin, als es zur Auswahl stand. Somit war die erste Station in der Großstadt das Aufnahmelager in Berlin-Marienfelde, wo sie vom 26. August 2004 bis zum 1. Januar 2005 wohnten. Die Lebensumstände dort waren deutlich angenehmer: Die Familie wohnte jetzt in einer Wohnung mit Zweibettzimmer, die Mutter nebenan und die dritte Wohnung blieb sogar fast während des gesamten Aufenthaltes frei. Die Familie blieb unter sich, musste Küche und Badezimmer nicht mit fremden Menschen teilen: *„Wir hatten Glück, aber meine Großmutter musste aus gesundheitlichen Gründen in einer Erdgeschosswohnung wohnen und dort lebte sie mit anderen Leuten zusammen. Da gab es immer wieder Konflikte wegen irgendwelcher Kleinigkeiten."*

Die Zeit in Marienfelde ging schnell vorüber. Jeden Tag mussten sie irgendwohin, Anträge stellen oder Dinge organisieren. Jennifer betont oft, dass sie dort sehr gut aufgenommen und beraten wurden: *„Die Menschen waren alle sehr nett. Die Sachbearbeiter, die Pförtner, alle haben uns als Menschen behandelt, nicht so wie im Fernsehen manchmal über Flüchtlinge berichtet wird."*

1 Alle Zitate stammen aus dem Interview mit Jennifer vom 27.06.2008 in Berlin.

Sie unterstreicht, dass sich auch vieles zum Positiven wendete, weil sie relativ schnell eingebürgert wurden: Mit dem deutschen Pass in der Hand liefen die Behördengänge unkomplizierter ab. Die Familienmitglieder haben ihren Aussiedlerstatus verloren und einen neuen gewonnen – sie waren jetzt deutsche Staatsbürger.

Bevor die junge Frau nach Deutschland kam, hieß sie Evgenija – so wurde sie in offiziellen Dokumenten geschrieben, doch alle nannten sie *Jenija*. Im Aufnahmeland konnte kaum jemand den Namen richtig aussprechen, geschweige denn aufschreiben. Sie wurde mal *Evgenija*, mal *Eugenija* gerufen und das machte sie unglücklich: *„Das war nicht mein Name! Ich dachte, das ist nicht mein Name, also werde ich meinen Namen ändern müssen, in Jennifer. Da kann man nicht viel falsch machen."*

Außerdem fand sie es besser, in der Geburtsurkunde ihrer Tochter als *Jennifer*, statt *Eugenije* eingetragen zu werden. Auch bei der Namenswahl ihrer Tochter entschieden sie und ihr Mann sich bewusst im Vorfeld für eine kulturelle Angleichung: *„Unsere Tochter heißt Katrin. Das ist ein Kompromiss so zu sagen. Auf Russisch heißt es Ekaterina, Kurzform Katia. Aber Katia wollte ich nicht, ich wollte, dass es seriöser klingt, deshalb Katrin."*

Mit Annahme der deutschen Staatsangehörigkeit und dem neuen Namen ergab sich für Jennifer zwar ein Neuanfang, doch gestaltete sich dieser für sie und alle anderen beteiligten Familienmitglieder nicht immer einfach. Rückblickend sagt sie: *„Na ja, das war schon alles in Ordnung"*, dennoch gab es Sachen, die sie extrem gestört haben – wie bestimmte Regelungen zum Beispiel, die ihr ein Einfügen in die Gesellschaft zusätzlich erschwerten. Anstrengend war es auch, weil sie als einziges Familienmitglied über gute Sprachkenntnisse verfügte. So musste sie hochschwanger quer durch Berlin fahren, um im Namen aller sämtliche Anträge bei den Sozialämtern zu stellen, erst nach Reinickendorf für ihre Mutter, dann nach Marzahn für ihre Tante usw.: *„Alle aus Marienfelde wurden in ganz Berlin auf Sozialämter verteilt, sonst wäre es für Tempelhof zu anstrengend geworden, wenn alle Spätaussiedler ihr Geld von diesem Sozialamt bekommen hätten. Dieses Verteilungsprinzip hat mich natürlich sehr gestört. Ich musste dann mit meinen Verwandten hin- und herfahren mit so einem dicken Bauch und das hätte man ja auch anders machen können, nach Familie verteilen oder so."*

Die junge Frau kritisiert vor allem den psychischen Druck, den die deutsche Bürokratie auf die neuen Staatsbürger ausübt. Sie versteht bis heute nicht, warum zum Beispiel die Familie zeitweise auseinander gerissen werden musste: *„Bei der Wohnungssuche, da wurden wir auch gedrängt, dass wir ganz schnell eine Wohnung finden und aus Marienfelde ausziehen, um Platz für die Anderen zu machen. Die wollen da nicht, dass die Menschen lange bleiben. Sie wollen sie so schnell wie möglich raus haben. Ich weiß nicht aus welchen Gründen, aber die haben dann gedrängt."*

Das hat vor allem die Großmutter zu spüren bekommen. Es dauerte etwas länger bis für sie eine passende Wohnung in der Nähe vom Rest der Familie gefunden wurde. Die Großmutter hatte sogar die Befürchtung, dass ihretwegen die ganze Familie wieder nach Kasachstan zurückkehren muss: *„Sie hatte schon ihr ganzes Leben Angst vor Obrigkeiten. Es war doch unnötig, Druck auszuüben, es gab doch genug Platz. Und wir haben doch die ganze Zeit eine Wohnung für sie gesucht. Ich habe sie immer begleitet, um zu übersetzen und war immer dabei."*

Im Laufe des ganzen Interviews fällt die Betonung der enormen Wichtigkeit der Sprachkenntnisse auf. Immer wieder unterstreicht Jennifer wie wichtig es für die ganze Familie war, dass sie schon im Vorfeld die deutsche Sprache beherrschte, denn außer ihr war keiner von ihren Verwandten der deutschen Sprache mächtig. Jennifer hatte schon ein Jahr lang in einer deutschen Familie als Au-Pair gearbeitet. So konnte sie ihre Sprachkenntnisse verbessern und sich auf ein mögliches Leben in Deutschland vorbereiten: *„Für uns war es ein bisschen anders als für die Anderen, weil ich ein Jahr davor in Deutschland gelebt habe. Das Wichtigste war eigentlich, dass ich das Leben hier in Deutschland kennen gelernt und festgestellt habe, dass es ganz anders ist als da, wo ich herkomme."*

Jennifer fungiert während der Aufnahme und darüber hinaus immer wieder als eine Art Lokführer, als treibende Kraft in ihrer Familie. Sie war diejenige, die nach der Ankunft in Deutschland die ganze Verantwortung übernahm: Sie erledigte für alle die Behördengänge, übersetzte und füllte Anträge aus oder begab sich auf Wohnungssuche. Jennifer hat im Vorfeld viel Zeit in die Aneignung der fremden Sprache investiert: *„Deutsch konnte ich ja schon, deswegen war es für mich nicht so problematisch und keine so große Umstellung, ich kannte ja das Leben hier. Für die Anderen war es schon eine Umstellung."*

Mit Hilfe der neu erworbenen Sprachkenntnisse als kultureller „Besitz" verschaffte sie sich und ihren Verwandten eine bessere Grundlage zur Eingliederung in das Gesellschaftssystem und somit auch einen Zugang zu ökonomischem und sozialem Kapital[2]. Später lernt auch der Rest der

2 Die Sprache kann hier als inkorporiertes Kulturkapital gesehen werden, welches nach Bourdieu körpergebunden und nicht delegierbar ist (Bourdieu 1983: 66).

Familie die deutsche Sprache, aber diese freie Zeit musste erst einmal zur Verfügung stehen.

Jennifer vergleicht die Anfangssituation ihrer Familie mit der eines hilfslosen Kindes, welches an die Hand genommen werden will und alles neu lernen muss – ein von den Medien gern aufgegriffenes, sich selbst reproduzierendes Thema: *„Sprache war enorm wichtig, obwohl wir eigentlich in Marienfelde sehr gut aufgenommen wurden, indem wir gut beraten worden sind. Und das war, weißt du, ein bisschen wie bei kleinen Kindern, die nicht wissen was sie tun sollen. Wir haben so einen Leitfaden, eine Laufliste bekommen, was wir alles erledigen müssen."*

Nicht nur Sprachkenntnisse, sondern Bildung allgemein spielt eine wichtige Rolle im Leben von Jennifers Familie. Die Mutter studierte bereits in Kasachstan, Jennifer konnte ihr Studium (Deutsch und Englisch auf Lehramt) dort abschließen und ihr Mann hatte angefangen zu studieren. Jennifer bekam eine Hochschulzugangsberechtigung aufgrund ihres Studiums, ihr Mann jedoch musste noch das Studienkolleg besuchen, um sein Abitur zu wiederholen. Heute studieren beide in Berlin. Damit hat sich ihr Wunsch, den Status eines Aussiedlers über Bildung zu erhöhen, bereits erfüllt: *„Natürlich kann ich jetzt schon ohne jegliche Ausbildung als Putzfrau arbeiten oder unqualifizierte Arbeit machen, aber das ist nicht das, was ich mir erträumt habe. Ich wusste, dass ich, wenn ich eine anständige Arbeit haben will, entweder studieren oder eine Ausbildung machen muss. Ich habe diese Gewohnheit zu studieren, zu lernen, ich wusste, dass ich es schaffe. Und auch wenn es am Anfang sprachliche Schwierigkeiten gab, habe ich es nie aufgegeben."*

Jennifer nahm das Studium auf, als ihre Tochter in den Kindergarten kam. Doch jede Mutter weiß, wie schwierig der Alltag mit Kleinkindern sein kann. Sie werden oft krank – ohne Rücksicht auf anstehende Klausuren und Referate. Und ohne die Unterstützung ihrer Mutter bei der Betreuung des Kindes wäre Jennifers Studium trotz allem Ehrgeiz in der Praxis kaum möglich gewesen.

Ich möchte am Ende noch gerne wissen, ob ihre anfänglichen Träume und Hoffnungen in Erfüllung gegangen sind, sich Erwartungen bestätigt haben: *„Na ja, das ist eine schwere Frage. Ich arbeite ja noch nicht, ich sorge nicht selbst für mich, ich bin noch im Stadium der Vorbereitungen. Wir sind in diesem komischen Zustand, wir sind zwar zufrieden und hoffen, dass wir Arbeit bekommen, aber wir können jetzt noch nicht sagen, dass wir alles erreicht haben, was wir wollen. Aber für uns gibt es kein zurück mehr!"*

Zurück, in Kasachstan, ist nur der Bruder geblieben. Er war damals 32 Jahre alt, hatte eine feste Freundin und sein eigenes Geschäft. Er wollte nicht nach Deutschland kommen ohne irgendeine Perspektive. Evgenija entschied sich damals trotz Risiko, den alten Status zu verlieren, für diesen waghalsigen Schritt: „*Ich war noch in diesem Alter, wo ich wirklich was Neues anfangen konnte.*" Und mit der nötigen Entschlossenheit bleibt sie bis heute stark. Evgenija geht ihren Weg mit allem, was dazu gehört: in ein neues Land, mit neuem Namen, neuem Studium. Nach dem Schnitt gibt es für Jennifer „*kein zurück mehr*" – ihr Motto: nicht aufgeben, auch wenn es schwer fällt!

Literatur

Bourdieu, Pierre (1983): Ökonomisches Kapital – Kulturelles Kapital – Soziales Kapital. In: ders. (1992): Die verborgenen Mechanismen der Macht, S. 49-80.

Nachwort

Nachwort

„Tor zur Freiheit schließt für immer" titelte eine Berliner Tageszeitung im November 2008 mit Blick auf das Aufnahmelager in Berlin-Marienfelde. Bis Ende des Jahres, so hatte das Berliner Landesamt für Gesundheit und Soziales als Träger der Einrichtung mitgeteilt, sollten die letzten Spätaussiedlerfamilien die hiesigen Unterkünfte verlassen und an anderen Orten einquartiert werden. Dieser Countdown ist nicht gänzlich aufgegangen. Auch nach der Jahreswende 2009 leben noch eine Handvoll Familien in dem Marienfelder Wohnheim. Gleichwohl ist es in den Gebäuden, die wie typische Wohnblocks der 1950er Jahre aussehen, und auf dem gesamten Gelände sehr ruhig geworden.

Einrichtungen, die über Jahrzehnte hinweg das Ankommen und die Integration von Menschen aus der DDR und Osteuropa begleitet und unterstützt haben, sind 2008 weggezogen oder aufgelöst worden. Zu ihnen gehört die vormalige Evangelische Flüchtlingsseelsorge Berlin – 2003 aufgegangen im Diakonischen Werk Tempelhof-Schöneberg –, deren Mitarbeiter/innen den Flüchtlingen und Zuwanderer/innen in lebenspraktischen Fragen halfen und bei Bedarf auch seelsorgerischen Beistand leisteten. Sie setzen ihre Beratungstätigkeit inzwischen für verschiedene Migrantengruppen im Marienfelder Gemeindezentrum in der Waldsassener Straße fort. Eine neue Arbeitsstelle suchen mussten sich die Mitarbeiter/innen des Kinderhorts. Kinder aus Familien, die in der Aufnahmestelle untergebracht waren, hatten hier Betreuung und Hilfestellungen bei den Hausaufgaben und beim Deutschlernen erhalten. Leer sind mittlerweile auch die Büros der Zentralen Beratungsstelle, die bis Ende 2008 ebenfalls auf dem Gelände der Zentralen Aufnahmestelle des Landes Berlin für Aussiedler (ZAB) in Marienfelde ansässig war und den Neuankömmlingen mit Rat und Tat bei der Bewältigung von Behördengängen, der Wohnungssuche und bei familiären oder gesundheitlichen Problemen zur Seite stand. Weil in den letzten Jahren immer weniger Spätaussiedler/innen – nachdem sie die Erstaufnahmestelle des Bundes in Friedland durchlaufen hatten – nach Berlin kamen, ist der weitere Betrieb der rund 22.000 Quadratmeter umfassenden Liegenschaft für das Land Berlin nicht mehr rentabel. Die Betreuung und Unterstützung von Spätaussiedler/innen in Berlin wird an anderen Orten in der Stadt fortgesetzt.

Diese Entwicklung bedeutet für die Erinnerungsstätte Notaufnahmelager Marienfelde eine Zäsur. Wie in den Jahren nach 1990, als das Aufnahmeverfahren für Flüchtlinge und Übersiedler/innen aus der DDR kurz vor der deutschen Wiedervereinigung eingestellt wurde, gilt es auch nun wieder, eine Überlieferung und materielle Hinterlassenschaft zu bewahren. Damals war es ein hauptsächlich aus (ehemaligen) Mitarbeiter/innen des Aufnahmelagers bestehender, ehrenamtlich arbeitender Verein, der Dokumente und Gegenstände zur Geschichte Marienfeldes als erste zentrale Anlaufstelle für DDR-Flüchtlinge und -Übersiedler/innen in West-Berlin sammelte. Heute existiert eine Gedenkstätte mit ständiger Ausstellung und eigener Sammlung, deren Mitarbeiter/innen sich um die Dokumentation der Geschichte auch der Aussiedler/innen in Marienfelde bemühen – einer Geschichte, die ebenso wie die der DDR-Flüchtlinge von den Folgewirkungen des Zweiten Weltkriegs und den Bedingungen des „Kalten Krieges" geprägt ist und deshalb in engem Zusammenhang mit der Flucht im geteilten Deutschland steht.

„Dokumentation" kann in diesem Zusammenhang zum Beispiel bedeuten, eine fotografische Spurensicherung zu betreiben. So hat die Erinnerungsstätte nicht nur Mitarbeiterinnen und Mitarbeiter der Zentralen Aufnahmestelle und von Betreuungseinrichtungen in ihren Büros und Arbeitsräumen durch professionelle Fotografen porträtieren lassen und zu ihren Tätigkeiten befragt. Auch Aussiedlerfamilien, die im Dezember 2008 noch in Marienfelde untergebracht waren, wurden in ihren Wohnungen und auf dem Gelände fotografiert. „Bewahrung der materiellen Hinterlassenschaft" hieß etwa beim Auszug der oben erwähnten Einrichtungen ganz praktisch, eine Reihe von Einrichtungs- und Ausstattungsgegenstände in das Depot der Erinnerungsstätte zu überführen, um mit ihrer Hilfe später zum Beispiel in Sonderausstellungen die Arbeit in der Marienfelder Aufnahmestelle anschaulich ins Gedächtnis rufen und erklären zu können.

Die Zukunft der Liegenschaft nach dem Auszug der Zentralen Aufnahmestelle für Aussiedler, der 2009 abgeschlossen werden soll, ist derzeit noch ungewiss. Fest steht, dass die Erinnerungsstätte Notaufnahmelager Marienfelde (seit Ende 2008 Teil der Landesstiftung Berliner Mauer) auf dem Gelände ansässig bleiben wird. Für uns ist entscheidend, dass der historische Ort „Notaufnahmelager Marienfelde" erkennbar bleibt, an dem sich Grundzüge der deutsch-deutschen Teilungs- und Beziehungsgeschichte ebenso wie Konfliktlinien des „Kalten Krieges" besonders gut anschaulich machen lassen. Dass das gesamte Gelände unter Denkmalschutz gestellt worden ist, wird dazu beitragen. Und vielleicht wird – etwa mit der Einquartierung irakischer Flüchtlinge, wie sie derzeit immer einmal wieder im Gespräch ist – doch noch ein ganz neues Kapitel in der Geschichte Marienfeldes aufgeschlagen?

Bettina Effner
Leiterin der Erinnerungsstätte Notaufnahmelager Marienfelde – Stiftung Berliner Mauer im Februar 2009

Autor_innen- und Redakteur_innen-Notizen

Linda Anhang studiert im Magisterstudiengang Europäische Ethnologie sowie Neuere und Neueste Geschichte. Ihr Interessenschwerpunkt liegt auf Religion und religiösen Einrichtungen. Auch wenn sie sich zur Zeit eine Mutterpause gönnt, freut sie sich auf das Schreiben ihrer Magisterarbeit über religiöse Einrichtungen und deren soziales Wirken in Berlin.

Oleksandra Bienert studierte Europäische Ethnologie und Skandinavistik (B.A.) an der Humboldt-Universität zu Berlin, und ist seit Herbst 2008 Public History Studentin an der Freien Universität Berlin. Sie ist zur Zeit studentische Mitarbeiterin am Zentrum für zeithistorische Forschung in Potsdam. Ihre Interessenschwerpunkte sind: Nations- und Identitätsbildung in den neu gegründeten Staaten in Osteuropa und (europäische) Erinnerungskultur.

Belinda Bindig studiert seit dem Wintersemester 2004/2005 im Magisterstudiengang Europäische Ethnologie, Politikwissenschaft und Psychologie. Ihre Studienschwerpunkte sind Menschenrechtspolitik, Kriege und kriegerische Konflikte, Aufarbeitung der SED-Diktatur und Sozialpsychologie. Zur Zeit arbeitet sie an ihrer Magisterarbeit zur Diskriminierung von DDR-Ausreisenden.

Lisa Breitkreutz studiert Europäische Ethnologie und Geschichte an der Humboldt-Universität zu Berlin. Begonnen hat sie ihr Studium in Jena und schreibt nun in Berlin ihre Bachelor-Abschlussarbeit zum Thema „Das ehemalige Notaufnahmelager Marienfelde – Symbol oder Alltag?".

Franck Gelhausen studierte an der Universität in Basel und widmet sich seit Frühjahr 2008 an der Humboldt-Universität zu Berlin der Europäischen Ethnologie und den Geschichtswissenschaften (B.A.). Seine Forschungsschwerpunkte liegen im Bereich der Migration, Religiosität und Ethnizität, und bilden die inhaltlichen Konzepte seiner Bachelor-Abschlussarbeit.

Laura Gener studiert an der Universität in Barcelona Antropologie und war im Rahmen des Erasmusprogrammes von Oktober 2007 bis Juli 2008 an der Humboldt-Universität zu Berlin in Europäische Ethnologie eingeschrieben.

Zu ihren bevorzugten Themen gehören Migrationsforschung und die Frage nach der Konstruktion sozialer Grenzräume.

Anne Hentschel studiert Europäische Ethnologie und Biologie im Bachelorstudiengang an der Humboldt-Universität zu Berlin. Dabei beschäftigt sie sich schwerpunktmäßig mit Stadtforschung und Lebenswissenschaften.

Regina Knoll studierte Kulturanthropologie an der Universität in Frankfurt am Main und ist seit dem Wintersemester 2007/2008 an der Humboldt-Universität zu Berlin immatrikuliert. Ihre Fachbereiche sind Europäische Ethnologie und Gender Studies. Die Schwerpunkte ihrer Arbeiten liegen in den Thematiken der Migrations- und Genderforschung.

Ksenia Korelova ist schwerpunktmäßig im Bereich der Migrant_innenforschung aktiv. Ihr Studiums- und Forschungsprofil erweitert sie durch den Masterstudiengang Soziokulturelle Studien an der Europa-Universität Viadrina. Das Forschungsinteresse zum Thema „Russlanddeutsche in Deutschland und deren Selbstpositionierung“ baut sie mit praktischen Erfahrungen weiter aus: beispielsweise durch eine mehrjährige Teilnahme am Integrationsprojekt für junge Spätaussiedler_innen (unterstützt von Berlinpolis e.V. „Fit für Bildung – Fit für bürgerliches Engagement“) und durch ein Praktikum im Abgeordnetenbüro der FDP-Sprecherin für Integration und Migration.

Evgenia Kornusova studiert im Bachelorstudiengang Europäische Ethnologie und Italienisch an der Humboldt-Universität zu Berlin. Sie interessiert sich vor allem für Bereiche wie Migration und Ethnizität.

Anjela Krstevski arbeitet zur Zeit an ihrer Bachelorarbeit zum Thema „Deutsch oder Nicht-Deutsch. Migrantische Jugendliche entscheiden über ihre Staatsangehörigkeit. Eine Ethnographie“.

Sylvia Lundschien studiert seit dem Wintersemester 2006/2007 Europäische Ethnologie, Russisch und Isländisch im Bachelorstudiengang an der Humboldt-Universität zu Berlin. Ihre Interessenschwerpunkte liegen bei Alltagskultur in Mittel- und Osteuropa sowie Xenophobie in Skandinavien.

Michelle Piccirillo studierte Kulturwissenschaft und Europäische Ethnologie an der Humboldt-Universität zu Berlin und hat sich in diesem Rahmen wiederholt an Forschungs- und Dokumentationsfilmprojekten beteiligt. Gemeinsam mit Jana Reimann-Grohs betreute sie das zweisemestrige Projekttutorium „Im Westen angekommen? Das Notaufnahmelager Marienfelde als Zwischenstation“. Zur Zeit schreibt sie ihre Magisterarbeit über Phänomene des zeitgnössischen Philosemitismus in Deutschland.

Jana Reimann-Grohs ist gelernte Film- und EB-Cutterin, sie studiert im Magisterstudiengang Europäische Ethnologie, Kulturwissenschaft und Psychologie an der Humboldt-Universität zu Berlin. Ihre Schwerpunkte sind empirisches Forschen mit Kamera-Interviews, Umsetzung der Projekte in Dokumentarfilme und andere mediale Präsentationen. „Im ‚Westen' angekommen? Das Notaufnahmelager Marienfelde als Zwischenstation“ ist ihr erstes Projekttutorium, das sie gemeinsam mit Michelle Piccirillo geleitet hat.

Denise Schwesig studiert Germanistische Linguistik und Europäische Ethnologie (B.A.) seit dem Wintersemester 2006/2007 an der Humboldt-Universität zu Berlin, wobei DDR-Geschichte und Deutsche Sprachgeschichte wichtiger Bestandteil ihrer Arbeiten sind.

Doreen Vollbrecht studiert im 1. Hauptfach Gender Studies und im 2. Hauptfach Europäische Ethnologie an der Humboldt-Universität zu Berlin. In ihrer Abschlußarbeit setzt sie sich mit der Thematik des Schwangerschaftsabbruches aus historischer und heutiger Perspektive auseinander.

Abbildungsverzeichnis

Cover und Rückseite
Belinda Bindig

Vorwort
Bild 1-3: Anne Hentschel

Brücke Marienfelde
Bild 1, 3: Belinda Bindig
Bild 2: Anne Hentschel

Beim Koffer packen
Bild 1, 3: Anne Hentschel
Bild 2: Regina Knoll

Fotografischer Einblick: Spurensuche in Röntgental
Bild 1-6: Nora Lorz

Im Warteraum
Bild 1-3: Anne Hentschel

Fotografischer Einblick: Wohnen auf Zeit im Durchgangsheim Marienfelde
Bild 1: Sergey Kusmaul
Bild 2-5: Laura Gener

Fotografischer Einblick: Ausschnitte vom Durchgangsheim Marienfelde
Bild 1, 6, 7, 8: Belinda Bindig
Bild 2, 3: Laura Gener
Bild 4, 5, 9: Sylvia Lundschien

Drüben angekommen?
Bild 1-3: Anne Hentschel

Nachwort
Bild 1-3: Anne Hentschel